学术顾问：李学勤

罗哲文　俞伟超　曾宪通　彭卿云

洪武大帝时期

李　默／主编

中华文明是人类历史上最伟大的文明之一，是人类文明发展的主要构成。中华文明丰富、深刻、辉煌、博大，在人类文明中的骨干作用和领导作用为人所共知。在人类文明的发源时期，中华文明就是四大古文明之一，是地球上文化的策源地之一。

广东旅游出版社
GUANGDONG TRAVEL & TOURISM PRESS
把读书·悦旅行·悦事人生

中国·广州

图书在版编目（CIP）数据

洪武大帝时期 / 李默主编 . — 广州 : 广东旅游出
版社 , 2013.1（2024.8 重印）
　ISBN 978-7-80766-445-1

　Ⅰ . ①洪… Ⅱ . ①李… Ⅲ . ①中国历史—明代—通俗
读物 Ⅳ . ① K248.09

　中国版本图书馆 CIP 数据核字 (2012) 第 276569 号

出 版 人：刘志松
总 策 划：李　默
责任编辑：张晶晶　黎　娜
装帧设计：盛世书香工作室　腾飞文化
责任校对：李瑞苑
责任技编：冼志良

洪武大帝时期
HONG WU DA DI SHI QI

广东旅游出版社出版发行
（广东省广州市荔湾区沙面北街 71 号首、二层）
邮编：510130
电话：020-87347732（总编室）020-87348887（销售热线）
投稿邮箱：2026542779@qq.com
印刷：三河市嵩川印刷有限公司
　　　（河北省廊坊市三河市杨庄镇肖庄子村）
开本：650×920mm　16 开
字数：105 千字
印张：10
版次：2013 年 1 月第 1 版
印次：2024 年 8 月第 3 次印刷
定价：45.80 元

出 版 者 识

　　《话说中华文明》是一部全景式图文并茂记录中国文明历史的大书。出版者穷数年之力，会集各方力量——专家、学者、编辑、学术顾问们，在浩如烟海的历史档案、资料、著作中，探珍问宝，追寻中华文明在悠悠历史长河中的灿烂之光。此书的出版，凝聚了编撰者的心血，学术顾问们的智慧。尤其是李学勤先生，亲自动笔写下了序言，更增加了本书沉甸甸的分量。

　　中华文明的历史充满了辉煌与苦难，成就和挫折。它的历史无处不在，决定着我们中国人今天的思想和感情。当今的中国和中国人是中华文明的历史造就的，是中华文明的历史的延伸，也是它的一个组成部分，中华文明的历史之河奔流到现在。

　　中华文明是人类历史上最伟大的文明之一，是人类文明发展的主要构成。中华文明丰富、深刻、辉煌、博大，在人类文明中的骨干作用和领导作用人所共知。在人类文明的发源时期，中国就是四大古国之一，是地球上文化的策源地之一。在人类文明的早期，中华文明成为文明在东方的支柱，公元前后200年间，人类的汉帝国与罗马帝国这两只铁手攫住了地球。在欧洲进入中世纪的时候，中华文明更成为人类文明最主要的领导，它的文明统治东亚，遍传世界。进入近代，中华文明处于自身的重压和西方的欺凌下，但中国人民的斗争史和奋起精神是人类文明历史中不可缺少的一页。

　　五千年的中华文明为人类贡献出了从思想家孔子到科学技术的四大发明、从唐诗宋词到长城运河的伟大创造，贡献出了从诸子百家到宋明理学，从商周铜器到明清文学的深刻内涵，也贡献出了从五霸七强到三国纷争、从文景之治到十大武功的辉煌历史。中华文明的历史绚烂多彩，在人类文明的历史长河中永放光芒。

　　中华文明也是人类历史上最独特的文明，没有哪一个文明像中华文明这样持久，这样充一一致。世界上其他文明不但互相交错，其创造者也都与高加索体质的人种有关，它们是姐妹文明。在人类历史中，只有中华文明才是独特的，它的创造者是中国土地上的中国人民，与其他任何地方的人民都没有关系，它的文化是统一一致的文化，可以不依赖于其他任何文明而生存，但中华文明也绝不是封闭的，它接受他人的文化，也承担自己对于人类的责任。

　　人类进入新世纪，中国的社会经济发展令世人瞩目。人们对于世界未来的政治和经济结构的估计无不以东亚和太平洋为中心，而尤以中国为重点。

　　经济起飞只是当代中国的一个方面，中国的精神文明的建设尤为刻不容缓。如果中国要自觉地发展中华文明，要有意识地使中国的发展具有世界意义，就必须发展强有力的精神文化，这样才能使中华文明的发展进入一个新的阶段，才能形成中国和中华文明的全面现代化。

而中国的精神文化的发展植根于中华文明的伟大传统之中。进入近代之后，在西方文化的冲击下，对于中国文化的价值产生大量的情绪化和激烈冲突的论调。"五四"运动打倒孔家店的口号具有冲破封建束缚的时代意义，对中国文化的发展有不容否认的正面意义，与文化虚无主义是完全不同的。文化虚无主义者否定中国传统文化，在现代化的旗帜下主张全盘西化；而复古主义则沉迷于中国文化的古董，走进反进步、反科学的泥潭。

历史的发展则超越了所有这些论点，产生这些论调的一百多年来的中国近代史已经结束。历史要求中国发展，要求中国走在全世界发展的前列。西化论和复古论都已过时，历史已经要求世界超越西方，中国可以承担起世界的命运，而中国的现实和世界的历史都说明，中国的使命在于它的发展前进，而非倒退。

中华文明走出迷惘的时代，我们这一代处在一个伟大而具有挑战的历史阶段。

总结历史、展望未来，这就是《话说中华文明》的意义和使命。我们创作《话说中华文明》，力求总结和回顾中华文明的全貌，在内容和形式上都开创一个新的局面。在内容结构上，既具有一定的深度，又具有相当的广博性，既有严谨、准确的学术价值，又有活泼、流畅的可读性。我们在本丛书内容纳了中华文明的各个方面，使它综合了大规模学术著作的系统性、严密性和普及读物的全面性、简易性，它既可作为大型工具书检索中华文明的各个成分，又可作为通俗的读物进行浏览。

我们从上世纪90年代初起就开始思考中华文明的历史和现实问题，并逐渐形成了编著《话说中华文明》的设想。在开展这项庞大的文化工程之始，我们就聘请了国内权威学者李学勤、罗哲文、俞伟超、曾宪通、彭卿云诸先生担任学术顾问，他们对计划作了充分讨论，并审阅了大量初稿。我们聘请了广州、香港地区的社会科学学者、大学教师、研究生以及我社编辑人员几十人担任稿件的撰写工作。

通过创作这部书，我们深深地感受到了中华文明的博大精深，也感受到了它的内在缺陷。中华文明具有辉煌的时期，也有苦难的年代，有它灿烂的成就，也有其不足的方面。中华文明在自身中能够吸取充分的经验和教训，就能够使自身健康壮大，成长发展。

通过创作这部书，我们也深深感受到了出版事业的使命和重任。我们希望这部书能受到广大读者的喜爱，起到它所应当起的作用。为中华文明的反省、前进和奋起作一点贡献。

目 录

朱元璋称帝建明 / 003

马氏受封皇后 / 004

朱元璋建立卫所制 / 005

明行户口制 / 006

朱元璋诏令全国建立学校 / 007

徐达远征沙漠 / 008

宋濂善折衷主义 / 009

朱元璋制定科举 / 010

朱元璋大封功臣 / 011

刘基作《郁离子》 / 012

分封诸子屏藩王室 / 014

开国功臣常遇春病死 / 015

农耕技术持续进步 / 016

明农业工商立法 / 017

梵琦为"国初第一禅师" / 018

高明所作《琵琶记》上演 / 019

大规模移民屯田 / 022

平定四川 / 023

朱元璋制作铁榜申诫功臣 / 024

宋濂主编的《元史》成书 / 025

制作符牌 / 026

明完善政治体制 / 027

设立粮长制·掌赋税征收 / 028

全国冶炼铁 850 余万斤 / 029

颁行大明宝钞 / 030

徐达北征失败 / 031

蓬莱水城建成 / 032

废除市舶提举司 / 034

开国功臣刘基病卒 / 035

胡惟庸案发·罢丞相 / 036

改立都指挥使司 / 036

空印案爆发 / 037

三宋书法承元人 / 038

《洪武正韵》编成 / 040

中国火器进一步发展 / 041

火药理论提出 / 044

持续诏修《明会典》 / 046

明代继承回回天文学 / 048

中国宗法祭祀体系基本完成 / 049

蒙医形成 / 050

中国方志兴盛 / 051

方孝孺维护朱学 / 054

宋濂绝食而死 / 055

赋役黄册制度形成 / 056

明设后湖黄册库管理档案 / 057

平云南 / 058

置殿阁大学士 / 059

朱元璋宠信僧道 / 059

《华夷译语》编成 / 060

最高学府国子监太学成立 / 061

锦衣卫建立 / 062

郭桓贪污案发作 / 063

开国功臣徐达去世 / 064

三法司决狱制形成 / 065

开始以进士为翰林 / 066

制定鱼鳞图册核实田亩 / 067

解缙进呈《大庖西室封事》 / 068

沐英征讨思伦发 / 069

洪武大帝时期

设置兀良哈三卫 / 069

列侯还乡 / 070

王履作《重为华山图序》 / 071

施耐庵作《水浒传》 / 073

明营建南京 / 074

内阁体制形成 / 076

中国君主极权政治完成 / 078

明宫好道 / 079

清理佛道二教 / 083

太子巡视陕西 / 083

詹事府建立 / 084

颁行《醒贪简要录》 / 084

蓝玉案爆发 / 085

《寰宇通衢》编成 / 086

胭脂河通漕运 / 087

万虎尝试火箭飞行 / 088

土司儒学逐渐设立 / 089

颁行《皇明祖训》 / 089

朱元璋赏赐笼络致仕武官 / 090

诸寺设立 / 090

刘三吾科举案发作 / 092

朱元璋去世 / 092

明孝陵成 / 093

《大明律》、《明大诰》成 / 095

建文帝议削藩 / 097

海塘工程引起重视 / 098

罗贯中作《三国志通俗演义》 / 098

设立翰林院 / 101

燕王起兵靖难 / 102

明官服体系集汉官官仪大成 / 104

燕军攻入京师·建文帝下落不明 / 107

燕王大捕大杀建文遗臣 / 108

朱棣即帝位·创内阁制 / 109

《文华宝鉴》成书 / 110

平定安南 / 111

任命宦官出镇军队 / 111

建立奴儿干卫 / 112

郑和七下西洋 / 113

郑和下西洋使用牵星术 / 115

《郑和航海图》印行 / 117

《永乐大典》修成 / 118

《火龙神器阵法》著成 / 121

《救荒本草》成 / 121

朱棣北征·大破鞑靼 / 126

诏建北京宫殿 / 127

《普济方》编成 / 128

造船业兴衰 / 129

明代商业资本兴起 / 130

商业市镇兴起 / 132

宗喀巴改革西藏佛教 / 134

曹端出"理驭气"说 / 136

台阁体书法形成 / 137

开会通河 / 138

立永宁寺碑 / 139

成祖二征蒙古 / 140

直臣周新被诬杀 / 141

诏修《五经四书大全》、《性理大全》/ 141

封黄教大弟子 / 142

前翰林学士解缙死于狱中 / 143

开凿清江浦 / 144

三修《太祖实录》/ 144

决定迁都北京 / 145

罢海运 / 145

苏禄国王来朝 / 146

锦衣卫指挥使纪纲伏诛 / 147

姚广孝去世 / 147

大破倭寇于辽东 / 148

东厂设立 / 149

唐赛儿起义 / 150

定都北京 / 150

明
朝

洪武大帝时期

1368 ~ 1370A.D.

明朝

1368A.D. 至正二十八年

明太祖高皇帝朱元璋洪武元年

正月，朱元璋称皇帝，国号明，建元洪武，是为明太祖高皇帝。

明将徐达等徇下河北诸地，败元兵于河西务，至通州。元帝北走开平。

八月，明兵入大都，寻改为北平府。自是元之中心势力退至漠南。

十二月，明兵败王保保，入太原，遂略定山西。

1369A.D. 明洪武二年

正月，明兵取大同。倭与张士诚等余党结，颇来扰乱。

二月，明诏修元史。

三月，明兵略陕西，败元将李思齐，入西安，寻下凤翔等地；四月，至临洮，李思齐降；五月，攻广阳等地。明兵下开平，元帝北走。七月，明攻开平之兵调赴陕西，统将常遇春死。

九月，明以临淮为中都。

1370A.D. 明洪武三年

正月，大发兵分道攻元将王保保及元帝。下云、朔等州。三月，倭扰登莱。四月，大破王保保，俘王公将校一千八百余名，士卒八万，马一万五千余匹，王保保走和林。元顺帝死于应昌，子爱猷识理达腊嗣，是为昭宗。

五月，诏定科举法，应试文仿宋经义，其后格律渐严，谓之"八股"，通称"制义"；并颁科举诏于高丽、安南、占城。兵入应昌，元昭宗北走，俘元皇孙买的里八剌及后妃诸王、官吏数百，追至北庆州而还。

六月，倭扰浙江、福建。

九月，修礼建成，赐名"大明集礼"。

文学家杨维桢死。

1368A.D.

第二次汉撒同盟战争爆发。瑞典、挪威、荷尔斯泰因、美克楞堡及某些丹麦贵族俱协助汉撒，以此大败伐德美尔。

1369A.D.

帖木儿逐撒马尔罕君主忽辛，自立为汗，据察合台汗旧地，建立帖木儿帝国。

〔奥托曼土耳其〕自本年起进行征服保加利亚之战争，至1372年达巴尔干山，保王希施曼纳贡称臣。

朱元璋称帝建明

元至正二十八年（1368）正月四日，朱元璋在应天（今南京）即皇帝位，定国号为"大明"，建元洪武，立马氏为皇后，朱标为太子，以李善长、徐达为左、右丞相，设官分职，封赏文武百官，开始了明王朝的统治。

同年闰七月，徐达率大军沿运河北上，下长芦，克青州，通州，元将也先自海口逃跑，二十八日，元顺帝携后妃、太子由居庸关北逃上都。八月二日，徐达师入大都。从1271年元世祖建国号以来统治中国98年之久的元朝，至此结束。

朱元璋在建立大明帝国之后，即着手肃清政治，整顿吏治，在经

明太祖朱元璋像

济、文化等方面都有很大举措。于洪武元年（1368）八月，中书省奏定设吏、户、礼、兵、刑、工六部，部设尚书（正三品）、侍郎（正四品）、郎中（正五品）、员外郎（正六品），主事（正七品）。并在奉天殿召见六部官，规定国家之事，总之者中书，分理者六部。积极劝课农桑，招贤纳士，明帝国初步建立并逐渐发展起来。

朱元璋一方面整饬吏治，发展恢复经济，一方面继续完成全国的统一。元朝灭亡后，各地割据政权还继续散存，朱元璋虽然握有河南、江浙和闽广，但统一全国的任务还十分艰巨：秦晋尚待平定，四川有夏明昇盘踞，云南为

元梁王控制，东北有元丞相纳哈出拥兵驻金山，逃奔上都的元顺帝仍然保存着系统的政治机构和相当的军事力量。朱元璋采取了先西北，再西南，后东北的作战策略。

洪武元年（1368）八月西征山西，败元将扩廓帖木儿，次年二月，攻打陕西，建西安府。洪武四年（1371）正月，兵分两路进取四川，败夏明昇。洪武十五年（1382）平定云南。二十年（1387）进军东北，征服纳哈出，二十一年（1388）四月，蓝玉袭破元嗣君脱古思帖木儿的精兵十多万人，从此，东北全境也纳入了明朝的版图。朱元璋称帝后，费时二十余年，终于完成了全国的统一大业。

大明帝国的建立，是朱元璋统一战争的结果，是统一战胜割据与分裂的产物，也是华夏文明的重建与发展。

马氏受封皇后

洪武元年（1368）正月四日，朱元璋建明，立妃马氏为皇后。

马氏（1332～1382），宿州（安徽宿县）人。父母早亡，寄郭子兴为养女。元至正十二年（1352），朱元璋投奔郭子兴部下为兵，子兴奇其才能，即以马氏许配元璋。从此，马氏竭尽妇道，以元璋喜忧为喜忧，且常率将士妻妾随夫出征，受尽了坎坷急迫之苦。

册封后，尽管贵为皇后，仍以常人处之，谦虚谨慎。暇时常令女史讲求古训，习前朝贤后家法；厚待妃嫔宫人。对入朝命妇，亦以家人礼相见。因为与元璋共过患难，深知其易怒的脾性，每当元璋前殿决事震怒而还，便不失时机地予以规劝。马氏出身贫贱，平时生活俭朴，常教诸王、公主知蚕桑之艰难。她关心民间疾苦，每遇旱灾、水灾，马氏都要率宫人蔬食祈祷，设麦饭野羹，且劝朱元璋及时赈济。还关

明太祖马皇后像

心监生家室痛痒，建议朝廷给监生家发放粮食等等。洪武十五年，马氏的病情日渐严重，担心医生因治不好病而被开罪，连药也不肯吃。在临终前，她对朱元璋说："愿陛下求贤纳谏，慎终如始，子孙皆贤，臣民得所。"同年八月十日死，年五十一岁。朱元璋为之痛心疾首，决心不再另立皇后。九月葬孝陵，谥孝慈皇后。

自幼失去父母寄为养女的马氏，从夫人到皇后，宽厚仁慈、爱国爱民，随着朱元璋地位的变化，日渐荣耀，终于成为明代女流第一人。

朱元璋建立卫所制

明洪武元年（1368）正月，明太祖采纳刘基"立军卫法"的建议，正式创立卫所制。

卫所的设置，根据地理形势和军事冲缓而定。一般来说，系一郡的设所，连郡的设卫。一卫统十千户，一户统十百户，百户领二总旗，总旗领五小旗，小旗领军十人。从洪武三年起，又设杭州、江西、燕山、青州、河南、西安、太原、武昌八都卫及西安行都卫等。洪武七年（1374）八月，重定兵卫之政，大率以5600人为一卫，而千户所、百户所、总旗、小旗所领军士数额相同（千户所1120人，百户所112人）。在若干卫所之上设都指挥使司（初称为都卫，洪武八年改称都司），长官是都指挥使。从卫指挥使到百户等军官，都是世袭的，称"世官"。其

禾屯吉卫指挥使司印

死亡，老病或年龄达60岁的，均以后代亲属继承代替；没有后代，以其旁系亲属继承。都司、卫所皆隶属于大都府。洪武十三年（1380），分大都督府为中左右前后五军都督府，京师及各地的都司、卫所，分隶其下，而上12卫亲军归朝廷掌管。至洪武二十五年（1392）全国有军队约120万人。二十六

年（1393）定天下卫所，计有 17 个都司，1 个留守司，329 个卫，65 个守卫千户所。全国共有 180 余万军队。兵士的来源一是"从征"，即原来朱元璋所指挥的部队；二是"归附"，即元朝和各割据势力降附的军士；三是"谪发"，即因犯罪被罚当兵的军士；四是"垛集"，即按人口比例从平民中征集的军士。凡充作军士的，其家称军户，世袭军籍。

屯田是明朝军队的重要职能。明代军屯规模巨大，制度完备，完全按照卫所编制单位进行。军屯成绩的好坏，也是考核卫所官军的重要内容之一，所以明代的军屯，其规模制度、实施等方面都达到中国军屯史上的高峰。洪武二十六年（1393），全国各地共有军屯田 89.3 万多顷，占全国耕地数的十分之一以上。朱元璋曾说他养兵百万，不费百姓一粒米。

卫所兵制以及相应制定的军户世袭制和军士屯田制，三位一体，对明前期"寓兵于农，强兵足食"起到巨大的促进作用。随着明后期军丁、屯地、屯粮比例的严重失调，卫所制逐渐失去了它应有的作用。

明行户口制

明朝建立后，朱元璋为了建立有效的赋役制度，打击地主隐匿田产、户口以逃避赋役的行为，对全国户口和耕地数额进行了认真清理、统计，编制了赋役黄册和鱼鳞图册，形成了严密的户口和财产登记制度。

洪武元年（1368），朱元璋下令在各地作战的总兵和地方官员注意收集户口版籍。同年制定"均工夫"役法，并编制了应天 18 府州、江西九江、饶州、南康 3 府的均工夫图册。洪武三年（1370）又下令实行户帖制，按户登记姓名、籍贯、年龄、丁口、产业，制成户帖发给各户，全国户籍则汇总于户部。在江南一些地区还试制了"小黄册"。

明政府还十分重视对全国土地的查核。洪武元年（1368）派员到浙西核实田亩，攒造鱼鳞图册。后又派国子监监生武淳等人到各地丈田绘鱼鳞图。鱼鳞图册按"随粮定区"原则，以税粮万石为一编造单位，称一区。每区土地经丈量后，绘成图册，册上载明所有田亩方圆、四周界至、土地沃瘠、户主姓名。因总图形状像鱼鳞，故称"鱼鳞图册"。

黄册以户为主,以人为经,以田地为纬,田各归其业主,是征派赋役的依据;鱼鳞图册以田地为主,以地域为经,以人为纬,是解决土地纠纷的凭证。两种册籍相互配合,相互补充,相互核对,相互牵制,构成一套完备严密的户口、田地和赋役管理制度。

朱元璋诏令全国建立学校

洪武二年（1369）十月,朱元璋告谕中书省官员说:"学校教育,到元代其弊已极……治国之要,教化为先,教化之道,学校为本,……宜令郡县皆立学校"。当月三十日就下诏命令地方郡县设立学校。

为了使地方认真贯彻立校兴学政策,明政府明确规定:府学设教授1人,训导4人,生员40人;县学设教谕1人,训导2人,生员20人。师生月廪

明代县学图

食米每人六斗，有司给以鱼肉。学官月俸，多少不等。学生学习，专治一经，以礼、乐、射、御、书、数设科分教，务求实才。同时，还规定了教学规章等其它相应教学措施。地方学校培养出来的学生，年资久的，可以定期保送到京师国子监继续深造，也可以参加科举考试，获取功名；入学 10 年以上还没出路的，由学校推荐，可以保送到吏部，充任下级官吏。

另外，与南方相比，北方学校教育尤为落后，师资缺乏而且水平较低。为了改变这种局面，朱元璋在洪武二十年（1387），命令吏部在南方挑选大批教学经验丰富的教官充实北方学校，借以提高北方的教学水平。

明代前期，除上述府州县学外，地方社学也聘请儒士教授民间子弟，兼读"御制大诰"及本朝律令；地方武学也延请武师专教武臣子弟学习武艺等等。

朱元璋诏令天下郡县皆立学校，有利于提高全社会的文化素质，对稳定明王朝的统治起到了积极作用。

徐达远征沙漠

洪武三年（1370）正月三日，朱元璋命徐达为征虏大将军，李文忠为左副将军，冯宗异为右副将军，往征沙漠，以消除扩廓帖木儿为首的西北边患。

朱元璋的部署是兵分二道。一令大将军徐达，自潼关出西安，西取扩廓帖木儿；一令左副将军李文忠出居庸，入沙漠，追元顺帝，使其彼此自救，无暇应援。诸将即奉命而行。四月八日，徐达一路出巩昌安定县，次沈儿峪。与扩廓帖木儿隔渠沟列阵对垒。九日，诸将悉力与战，大败扩廓贴木儿，擒元郯王、文济王及国公阎思孝等官 1865 人，吏卒 84500 余人，马 15280 匹，橐驼牛羊杂畜不计其数。扩廓帖木儿从皇城与妻子数人逃奔和林，郭英追击至宁夏，不及而还。五月十五日，李文忠一路趋应昌，得知元顺帝死，兼程前进，十五日围应昌城，十六日破城而入。元嗣君与数十骑北奔，文忠追至庆州而还，回军途中，又收降元将江文清、杨思祖及所属 5 万余将士。遂班师还京。

徐达、李文忠远征，迫使元朝残余势力从应昌、定西一线北撤，明朝北方边境随之也稳定下来。

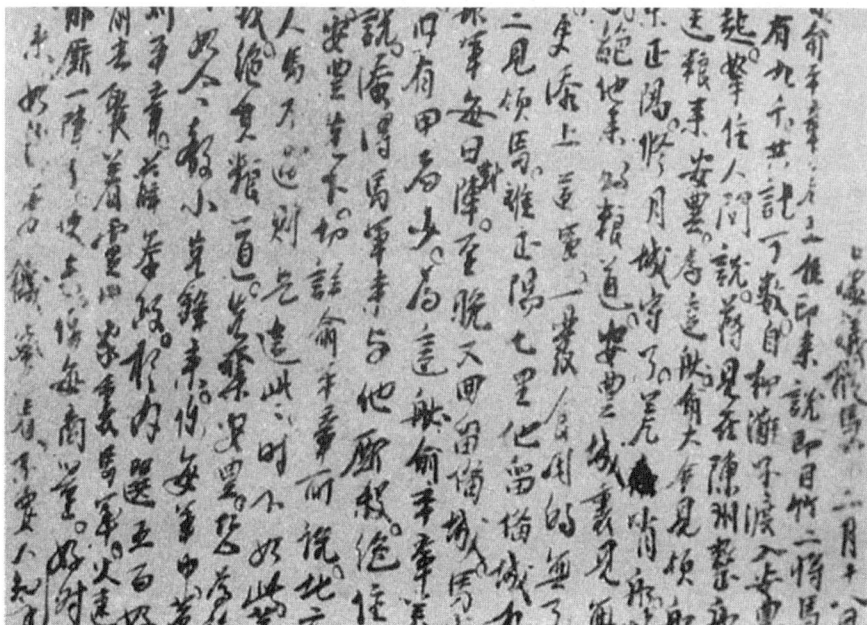

朱元璋给徐达的军令

宋濂善折衷主义

　　宋濂（1310～1381），字景濂，号潜溪，浦江（今属浙东）人，明初文学家，官至学士承旨，知制诰，曾受命编修《元史》，生平著作颇多，后人辑为《宋文宪公全集》。

　　宋濂师出多门，曾师从吴莱、黄溍、柳贯学朱学，亦从方凤学事功之事，又学于吕祖谦，后学李大有。同时潜心佛教典籍。

　　宋濂在本体论上，把"天地之心"视作宇宙万物的本原和产生万物运动变化的原因。基本沿袭了朱熹的天理论，只是把"天地之心"作为"天理"本体的表述而已。

　　宋濂折衷调和朱陆并呈现转向心学的思想，表现在他认为人为何能体验和把握到"天地之心"之上。首先，他认为人之所以能体验和把握到"天地之心"，是因为"吾心"本来就拥有一切。他说："天地太极也，吾心一太极也。风雨雷霆皆心中所以具。苟有人不参私伪、用符天道，则其感应之速，捷于桴鼓矣"（《全集》卷8）。正因为"吾心"本具一切，天地变化都存在于吾心之中，所以要想体验和把握到"吾心"本具的"天地之心"，只要"吾心"不参私伪就可以了。其次，在上面前提下，他进一步提出"吾心"与"天地万物之心"是同一的观点。他说天下万物唯"心"为大，"由此心"而"天地之所以位"，"万物之所以育"，所以"四海之大，非一物非我也"（《凝道记天下枢》）。他把主体之"吾心"的作用无限夸大，而与产生宇宙万物及其变化的客体"天地之心"等同，主观精神就吞并了客观世界。

由此可见，宋濂的思想路线是一种折衷主义，即折衷朱陆的思想，而倾向于心学。

朱元璋制定科举

洪武三年（1370）五月，因国家急需人才，朱元璋颁发科举诏令，于八月设科取士。

明代科举考试分文武二科。二科考试时间都有明确规定：子、午、卯、酉年为乡试；辰、戌、丑、未年为会试；乡试在八月，会试在二月，皆九日

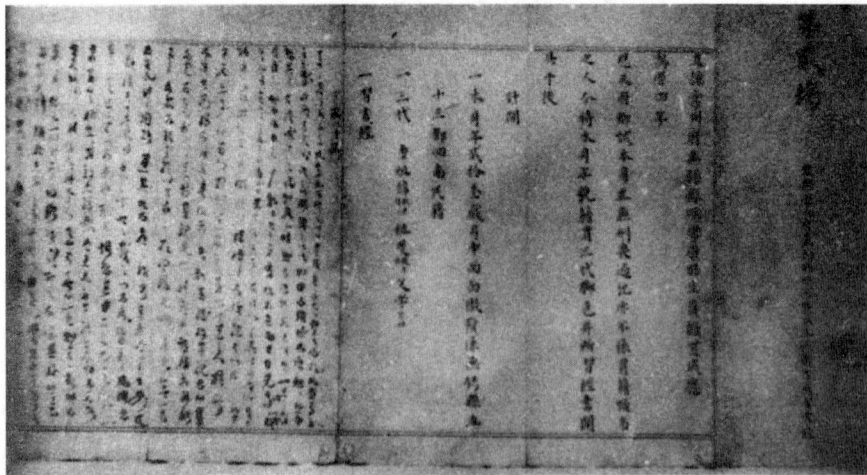

吴县生员顾宪成应天府试卷

为第1场，复3日为第2场，又3日为第3场。乡试中试者称举人，京师会试中中试者有资格参加殿试。三年一大考，殿试有皇帝亲自把关，殿试及格而被录取的通称进士。进士分一、二、三甲，一甲3人，第一名称状元，第二名称榜眼，第三名称探花，赐进士及第；二甲若干名，赐进士出身；三甲若干人，赐同进士出身。凡考中进士，即可授官。

文科考试内容主要局限于四书五经。初场试经义二道，四书义一道。《易》主程《传》、朱子《本义》，《书》主蔡氏《传》，《诗》主朱子《集传》，《春秋》主春秋三传。二场试论一道，判五道，诏、诰、表、内科一道。三场试经史时务策五道。三场考试答题通用推行的八股文（每篇文章必须包括破题、承题、起讲、入手、起股、中股、后股、束股八部分），虚内容而重形式，因而明代科举制又称八股文取士。

武科试士的内容与文科有所不同。武举初试马上箭，二场试步下箭，三场试策一道。6年一大武举考试，考中者称武状元等。武科以技勇为重，所考内容也因时局的变化和要求略有变化。

明代科举取士录取名额根据社会需要而定。明初所需文官数额大，录取时也较多。明中期，逐渐放宽乡试名额而缩小会试名额，同时会试录取进士名额时，注意地域间的南、北分布平衡。洪熙元年（1425），定取士名额，南人16名，北人14名，武科不定。

明代科举制，在明初期扩大官僚机构、稳定统治政权中起到了积极作用。但作为一种文化专制制度，它把知识分子的思想束缚在孔孟之道和程朱理学之中。读书人为猎取功名，埋头四书五经，写空洞的八股文，成为名副其实的书呆子。这就禁锢了人们的思想，严重阻碍了文化科学的发展。

朱元璋大封功臣

洪武三年（1370）十一月十一日，为了表彰文臣武将开国之功，朱元璋在奉天殿举行隆重仪式，大封功臣。

大都督府、兵部记录诸将功绩，吏部定勋爵，户部备赏物，礼部定礼仪，翰林院撰制诰，皇太子、诸王侍两旁，文武百官列于丹陛左右。诏封左丞相李善长为朝国公，右丞相徐达为魏国公，常遇春之子常茂为郑国公，李文忠为曹国公，邓愈为卫国公，冯胜为宋国公。六公以下又封二十八侯：汤和首位为中山侯，唐胜宗为延安侯，陆仲亨为吉安侯，周德兴为江夏侯，华云龙为淮安侯，顾时为济宁侯，耿炳文为长兴侯，陈德为临江侯，郭子兴为巩昌侯，王志为六安侯，郑遇春为荥阳侯，费聚为平凉侯，吴良为江阴侯，吴祯为靖海侯，赵庸为南雄侯，廖永忠为德庆侯，俞通源为南安侯，华高为广德侯，杨璟为营阳侯，康铎为蕲春侯，朱亮祖为永嘉侯，傅友德为颍川侯，胡美为豫章侯，韩政为东

朱元璋书《教说大将军》

平侯，黄彬为宜春侯，曹良臣为宣宁侯，梅思祖为汝南侯，陆聚为河南侯。并赐诰命、铁券、赏物等。同月三十日，朱元璋又封汪广洋为忠勤伯，刘基为诚意伯。同时告诫诸位公侯：身享富贵，应通达古今之务以成远大之器，不可苟且自足。

洪武十一年，朱元璋进封汤和为信国公。十二年，又封仇成为安庆侯，金朝兴为宣德侯，蓝玉为永昌侯，谢成为永平侯，张龙为凤翔侯，吴复为安陆侯，曹兴为怀远侯，叶升为靖宁侯，曹震为景川侯，张温为会宁侯，周武为雄武侯，王弼为定远侯。后又以各武臣的战功，或封侯、伯，或进封公，借以激励武将，建功立业。

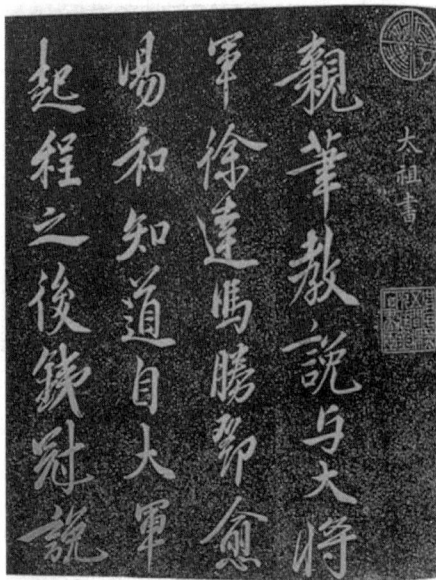

刘基作《郁离子》

刘基（1311～1375），元末明初文学家、政治家，字伯温，青田（今属浙江）人。

　　《郁离子》是刘基于元末隐居时所写的一部具有独特风格的寓言体散文集，共 18 章，195 节，章有题，节无题。通过生动活泼的寓言故事和发人深思的议论，表明其对社会政治问题的看法。他的用意是向统治集团讽谏，以实现封建制度长治久安。有感而发，引古证今，在讽谏中，也揭露了当朝者昏庸腐败、自私贪婪。如"晋灵公好狗"、"灵丘之丈人善养蜂"、"卫懿公好禽"等节，描写都很精彩，揭露的问题都很深刻，特别是"有养狙以为生者"一节，写"狙公"命令众猴子为自己采摘草木果实，众猴开始任劳任怨，后来忽然醒悟过来，打破栅栏逃归森林，不复回来。通过这则故事，反映了在统治者的高压剥削下，劳动人民必定要起而造反的道理，讲理生动而深刻。

此外，《卖柑者言》也是其传诵极广的散文，文章借卖柑者的话，"世之为欺者不寡矣，而独我也乎？……今夫佩虎符坐皋比者，……果能授孙吴之略耶？峨大冠，拖长绅者……果能建伊皋之业耶？"深刻揭露了元末统治阶级"金玉其表，败絮其中"的腐朽本质。文章以形象化的方法说理，比喻生动，犀利泼辣，引人深思。

　　除散文外，刘基的文章成就还表现在诗歌方面，他的诗歌风格多样，雄浑、婉约、奇崛、天然兼容并包，卓然成家。其中又以乐府、古体诗为代表，反映的都是当时社会上很明显的不公现象，尤其是社会的动乱和人民的疾苦。农民在连年战祸之下的悲惨现状，在他的诗中得到很大的反映，"平民避乱入山谷，编蓬作屋无环堵"。在战争年代，官府兵吏不仅不为民解忧，反而

刘基作《春兴诗八首》

还增添祸乱，"盗贼官军齐劫掠，去住无所容其身。"甚至他还讽刺封建朝廷当权者在战火纷飞的年代，依然沉迷于声色享受，"浪动江淮战血红"，"新向湖州召画工"，在他所有的诗篇中，基本上都贯穿着一个同情弱者、鞭挞统治当局的中心思想，具有强烈的现实意义。

刘基的诗作，收集在《郁离子》5卷、《覆瓿集》20卷、《写情集》4卷、《梨眉公集》5卷、《春秋明经》4卷中，后汇编成《诚意伯文集》20卷，现通行本为四部丛刊本《诚意伯刘文成公文集》20卷。

分封诸子屏藩王室

洪武二年（1369），明太祖朱元璋鉴于历代地方割据和叛乱对皇权的严重威胁，以及宋、元两代皇室孤立的教训，诏定诸王国邑与官制，大封诸子，屏藩王室。

从洪武三年起，朱元璋先后分封25个儿子和一个从孙为王。其中一部分授以兵权，如秦王樉、燕王棣、晋王㭎、宁王权，命他们驻守北方，节制沿边兵马，防御蒙古；另一部分则驻于内地各省，如齐王榑、鲁王檀等，监视地方官吏。

明燕王府图记

为避免权臣擅政，明太祖又规定，诸王有移文朝廷索取奸臣和举兵清君侧的权力，同时也怕诸王权力过大，威胁中央集权的统治，又申明诸王"惟列爵而不临民，分藩而不锡土"，即分爵而不裂土的原则。

另外，诸王封地，惟江、浙、闽、粤等地不封，江浙不封，因其系京畿重地和国家财源所在，以免干扰国家的政治活动和经济源泉；闽、粤不封，因其地远险恶，

明燕王度令旨

避免皇权失控，鞭长莫及，目的还在于巩固中央对地方的统治。

明太祖封建诸王，皇子以亲王身份建藩就国，是对古代分封制的继承，对明初加强皇权统治起到一定作用。但是，所封诸王，拥兵自重，在封国内，为所欲为且行为不法，终于造成"枝强干弱"的割据局面。

开国功臣常遇春病死

洪武二年（1369），明朝开国名臣常遇春与李文忠奉命北征，攻克开平，大胜而归。回师途中，于柳河川暴病而死，年仅40岁。

常遇春（1330～1369），字伯仁，怀远人。勇力超群，猿臂善射。元至正十五年（1355）投奔朱元璋。采石一战，常遇春作为先锋官屡出奇谋，挫败元兵，进取太平。不久，守溧阳、攻建康、取镇江、围常州，以功进统军大元帅。曾从徐达与陈友谅战于鄱阳湖，解救朱元璋于危难之地。

常遇春像

后以副将军随徐达平陈友谅、擒张士诚，进封鄂国公。吴元年（1367），又以副将军从徐达北征。下山东、取汴梁、攻河南，破元兵于通州，攻克大都。另下保定、河间、真定。平定秦晋，皆立大功。洪武二年病死时，太祖朱元璋十分悲痛地说："使我如失手足。"诏令李文忠率其军。

遇春沉春果敢、善抚士卒，冲锋陷阵，常胜不败。平常不习史书，但用兵如神。多年跟随徐达征战，听从约束，配合神契，时人合称徐、常。遇春自言能将十万兵马，横行天下，军中又称其为"常十万"。

洪武二年十月八日葬钟山，赠中书右丞相，追封开国公，配享太庙，肖像功臣庙，位列第二。

洪武大帝时期

农耕技术持续进步

明代，铁质农具的质量随着炼铁技术的提高而得到改良，农耕种田更加追求集约经营，精耕细作被放在首位，提倡"宁可少而精密，不可多而草率"（《沈氏农书·运田地法》）。

在整地方面，讲求深耕。达七八寸，以使土壤彻底松软。如在麦、稻两熟田地，将水田改为旱地时需开沟做垅，使垅背凸起如龟背，以便排水，翻耕时先浅后深，头遍打破皮，二遍揭出泥，争取时间灭茬保墒；将旱地改为水田时则要分层深耕晒垡，以改善土壤结构。

在选种和播种上，重视收集、选育新种和优良种子，并提前浸种时间以便早播。如早稻浸种一般在清明节前，但当时有的春分前即浸，称"社种"，浸种时间提前足半个月。浸种方法也有所改进，原来是"昼浸夜收，不用长流水，难得生芽"，明代改为"用稻草包裹（稻种）一斗或二三斗，投于池塘水内，缸内亦可"，"浸三四日，微见白芽如

《耕织图》中的耘

明代的农业技术在深耕细作上，已有相当高的水平。图为《耕织图》中的耙耨情景。

针尖大，取出于阴处阴干"（王象晋《群芳谱》）。

对于施肥，则要求施足基肥，并在适当时施用追肥。当时不仅对施用追肥的时间、数量、次数以及肥效有了科学的了解，也加深了对土壤与肥料的结合方面的认识，总结出一些规律。如羊粪适宜旱地，猪粪适宜水田，土质贫瘠坚硬之田宜用灰粪和牛粪，土性带泛浆之田宜用骨灰蘸秧根、石灰淹苗足等等。

在防治病虫害方面也积累了一些经验，如冬天铲草根、添新土以杀灭越冬幼虫及虫卵，用药物、棉籽油等拌种以避免虫蚀，将石灰、桐油撒布叶上杀虫等。

在充分利用田地的空间和时间方面也有新的发展。宋元时发展起来的稻麦一年两熟的轮作制度被推广到其他作物的栽培，并且从一年的轮作发展为若干年的轮作，间作、套作技术也有提高。江南地区双季稻种植广泛，福建、广东等甚至出现了一年三熟之稻。江南水稻除与小、大麦轮作外，还与豌豆、蚕豆、油菜等其他作物轮作，北方则以大、小麦与黍、粟、豆、薯等轮作。棉麦轮作、棉稻轮作、棉豆间作、桑豆间作等技术，随着经济作物的推广也发展起来。

明农业工商立法

由于长年战乱，明朝初年，全国流民充斥，农业生产劳动力极端缺乏，太祖朱元璋加强农业立法，以恢复和发展生产。

朱元璋曾下令严禁贩良为奴，禁止人身买卖，以解放劳力，投入生产。明初则大力促进移民垦荒，实行屯田，包括军屯、民屯、商屯、戍罪屯、赎罪屯等。

为发展农业，还大力加强水利建设，整治堤岸塘堰，疏浚河道，并设置专掌水利的营田司。规定：如有盗决河防者，杖100；盗决圩岸陂塘者，杖80；不修河防圩岸，或修而失时者，笞30至50；由此造成人员、财物损失，笞50至杖60。

还编造黄册与鱼鳞图册以核查全国田亩。耕民按亩交赋，其赋役比前代大为减轻，极大地提高了农民的生产积极性。

推行了农业立法，使全国垦田面积和人口大增，到洪武二十六年（1393）分别达到8507623顷和60544812人，社会生产得到了恢复和发展。

明朝工商立法则很具体、明确。明初建立的匠户匠籍制度，加强了对手工业者的集中管理，使技术优势得以发挥，促进了手工业的发展。

明律对手工业产品的质量与规格有较具体的要求。规定：造器物不合格，缎匹不合格，或不合格需返工，工匠均受笞刑或坐赃论。有关官吏也受处罚并赔偿损失。

明律对手工业生产管理方面规定，不经批准非法营造者，按坐赃论；营造所需物资不实报笞50；多领物资者，以监守自盗论；工匠未按期交货，官吏不如期拨料者，均处笞刑。

明代商业立法以重农抑商为基础，加强对盐、茶的官营专卖。早在元至正二十一年（1361）所定的《盐法》，便规定贩盐者取税1/20助军饷。洪武元年（1368）定《盐引条例》规定，犯私盐者绞，其后大明律规定：凡贩私盐、私茶者杖100、徒3年，如携武器者加一等，拒捕者斩。买私盐者杖100。盐法规定欲经营盐业者须以吏部所颁"盐引勘合"为凭。早在元至正二十年（1360）朱元璋便定《茶法》，按1/30补充税赋收入。明令禁止贩私茶，由官府专卖。洪武以后则规定设"茶引所"收购茶叶；贩茶者亦须具吏部"茶引勘合"，不具备或具过期凭证的按贩私盐律治罪。

明律关于市场管理法律规定：严格度量衡的统一标准，市面上所用均须经官府核查，违者治罪；加强管理机关平抑物价的责任；打击不法商人操纵市场，哄抬物价，犯此规者分重轻处以笞、杖刑；严禁私人从事海外贸易。明文规定货卖和下海者杖100。将人口、军器出境者绞。关口将士渎职与犯人同罪等。

明代加强了农业工商业立法，用法律手段全面调整经济，对明代社会经济的恢复与发展起了积极作用。

梵琦为"国初第一禅师"

梵琦（1296～1370），俗称朱，字楚石，宁波象山人。自幼出家，16岁受具足戒。后"印可"于大慧宗杲的四传弟子元叟行瑞，在元代"六开道场"，

极力宣扬禅宗思想。元顺帝至正七年（1347），帝师赐梵琦"佛日普照慧辨禅师"号。洪武元年、二年两次奉诏赴蒋山法会，"亲承顾问，赐以币金"。洪武三年，梵琦75岁时圆寂。

梵琦的思想属于真心一元论和其如缘起论。他说"无理外之事，无事外之理；无心外之物，无物外之心。在蚌为珠，在龟为兆，在牛为角，在马为蹄，一一交参，重重摄入。"（《梵琦语录》卷五）梵琦的宗教修养理论充满了禅宗式的挑战精神，如他讲："直得文殊普贤扫床摺被，等妙二觉随驴把马"（同上书，卷五）。他教人们冲破一切对外在的偶像的盲目崇拜，在自返本心中获得精神解脱。但是，他又主张归心净土，他有诗云："一寸光阴一寸金，劝君念佛早回心。直饶凤阁龙楼贵，难免鸡皮鹤发侵。鼎内香烟初未散，空中法驾已遥临。尘尘刹刹虽清静，独有弥陀愿力深。"（株宏《豆栖法江·皇明名僧辑略·楚石琦禅师》）宋代以后，禅宗大家多兼宗净土，这是一种矛盾的现象，造成这种情况一方面是由于禅宗大师对不同根器的人分别接引所致，另一方面，也是为了解决"开悟"以后如何归宿的难题。离开了对某种形式的彼岸天国的终极寄托，宗教自身也就难以存在了。

高明所作《琵琶记》上演

高明（? ~ 1359），字则诚，号菜根道人，温州瑞安（今浙江瑞安）人。早年乡居，后来热衷科举，中进士做了官，但仕途并不亨通。他性情耿直，不趋炎附势，解官后归隐在宁波南乡的栎社，以词曲自娱。他知识渊博，工诗文、词曲，《琵琶记》就是在这一时期（至正十六年，即1356年后）完成的。

《琵琶记》是民间流行的故事，南宋时就已成为民间讲唱文学和戏文的题材。主要内容是书生蔡伯喈不顾父母，遗弃妻子，结果被暴雷震死。高明的《琵琶记》根据民间

明代抄本《琵琶记》

戏文改编，在内容上做了大改动。讲书生蔡伯喈去京城赴试，中了状元，因牛丞相要招他做女婿，被迫重婚，妻子赵五娘在天灾人祸中，罗裙包土替公婆筑坟，然后一路行乞进京寻夫，因牛氏贤德，最后一夫二妻大团圆。

作者在开场的曲子里提出了"不关风化体，纵好也徒然"的文学创作主张，要观众对《琵琶记》"只看子孝共妻贤"，宣扬了封建伦理道德。作者为蔡伯喈安排了一个他不肯赴试，父亲不从，他要辞官，皇帝不从，他要辞婚，牛丞相不从的"三不从"情节，想通过这个人物来宣扬封建孝义，

明人演《琵琶记》图

但对他的思想挖掘不深，很难辩护他的许多不负责任的行为，强行捏合一些细节，在戏剧情节发展的过程中，出现了一些漏洞。

《琵琶记》的出现是元末明初南戏振兴的标志之一，是南戏由民间文学过渡到文人创作的转折点，它的艺术成就表现在结构方式、心理描写、语言运用方面。

《琵琶记》的结构方式很有特色。全剧有两条线索，一是蔡伯喈求取功名的遭遇，二是赵五娘在灾荒中的遭遇，两条线索互相交错发展，到剧末融合在一起。作者一方面写蔡伯喈陷入功名，享尽荣华富贵；另一方面写赵五娘担负家庭生活的重担，苦不堪言。这两种处境形成了鲜明的对比，暴露了社会贫富悬殊和苦乐不均的社会矛盾，加强了悲剧性的戏剧冲突。

《琵琶记》描写人物的心理活动非常细致入微。在"糟糠自厌"的场面里，赵五娘因生活困苦不得不吃糠，因糠难于下咽而以糠自比，由自己的悲惨命运想到杳无音讯的丈夫，这是在封建制度下不能掌握自己命运的妇女的自白。

在语言的运用上，不论是曲和白，都善于用口语来揭示不同人物的思想感情，将心曲隐微刻写入髓，委婉尽致。人物由于身份、地位的不同，语言风格也不一样，切合他们的气质。牛丞相、牛氏和蔡伯喈的语言比较典雅，而赵五娘、张广才则较朴实。

1371 ~ 1380A.D.

明朝

1371A.D. 明洪武四年

二月，初开会试科。三月，初行殿试，先曾诏高丽、安南、占城皆得预乡会试，至是赐高丽人金涛进士。汤和下重庆，明昇降；八月，川地略定。

1372A.D. 明洪武五年

五月，东路大军攻王保保于漠北，败绩。

东路偏师与元兵战于阿鲁浑河，初大败，后胜。

修筑嘉峪关，补修长安城墙。

1374A.D. 明洪武七年

七月，边兵攻大宁，败元兵。水军败倭于珍珠洋。文学家高启被腰斩。

1375A.D. 明洪武八年

修洪武正韵成。四月，刘基死。八月王保死。

1376A.D. 明洪武九年

六月，改行中书省为承宣布政使司，置布政使、参政等官。

元将伯颜帖木儿犯边，败，其下缚之以降。

1378A.D. 明洪武十一年

四月，元昭宗死，子脱古思帖木儿汗嗣。

六月，五开"蛮"吴面儿起事，遣兵攻之，命太监观军，是为宦官预兵事之始。

1380A.D. 明洪武十三年

正月，左丞相胡惟庸以谋反死，株连者15000余人。

罢中书省；改大都督府为中、左、右、前、后、五军都督府；废丞相，并诏以后"嗣君毋得议置丞相"。

1371A.D.

奥托曼土耳其大败塞尔维亚人于塞诺门（在马里乍河畔）。征服马其顿尼亚，复进兵蹂躏阿尔巴尼亚与希腊。

1378A.D.

〔法兰西〕亚威农教皇格累戈里十一世访罗马，卒于该城。红衣主教团选乌尔班六世继位，教廷自此返还罗马，"巴比伦流亡期"告终。但另一部分红衣主教集于罗马附近之阿南宜，别选克雷门特七世继位，仍居亚威农，故继流亡期后又出现一所谓"教会大分裂时期"。

大规模移民屯田

明洪武三年（1370）六月，朱元璋把无田耕种的苏、松、嘉、湖、杭五郡的4000余户百姓迁徙到"田多未辟"的临濠，就垦农业，免征3年移民租税，从而拉开了明代大规模移民屯田的帷幕。

洪武四年（1371）六月，徐达驻师北平，因为沙漠危害已除，故将北平山后35800余户居民分散到各府卫进行屯田；同年又移漠北和山西一带"沙漠遗民"32000余户到北平屯种，还将江南140000少地无地农民迁到凤阳屯种。洪武九年（1376）十一月，朝廷又将山西、真定一带无田的百姓迁往到凤阳屯田；

山西省洪洞县大槐树。明太祖朱元璋先后7次下令将包括洪洞县在内的山西南部无田百姓迁往中原等地屯种。大槐树成为移民眼中故里的象征。图为在古大槐树遗址修建的祠堂外景。

十五年（1382）九月，迁移广东番禺、东莞、增城等处24000多名降民到泗州屯田；二十一年（1388）八月，再把山西泽、潞二州无地百姓迁往彰德、真定、临清、归德、太康等多处闲旷之地，置屯耕种。

除了省与省之间的大规模移民屯田，各省之内也有迁徙的情况发生。洪武二十五年（1392），登、莱二州5635户农民就耕于东昌。二十八年，东昌三府外来移民达58124户。

明朝的移民屯种，由政府供给耕牛、种子，免征3年租税，其后每亩纳税一斗，不额外加收。此举大大激发起百姓垦田种植的积极性，加速了荒芜田地的开辟，扩大了自耕农的比例，在某种程度上改变了元末土地高度集中的局面，对明初经济的恢复和发展起到积极的推动作用。

平定四川

洪武四年（1371）正月，朱元璋任命中山侯汤和为征西将军，江夏侯周德兴、德庆侯廖永忠为副将军，率水师从瞿塘（今四川奉节县东）出发，颍川侯傅

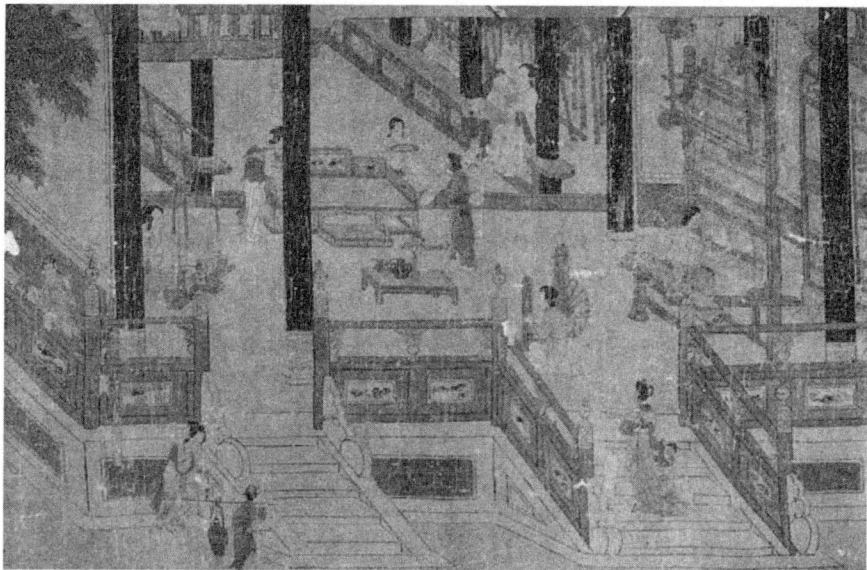

明《官蚕图》中的花楼机

友德为征虏前将军，济宁侯顾时为副将，率步骑由秦陇挺进，水陆两路大举伐蜀。

四川原为明玉珍占据，自立为蜀王，定都重庆，国号夏。洪武初年，朱元璋曾多次招抚都没有效果，当朱元璋取得对蒙古用兵的全面胜利后，终于决意西征。汤和的南路水师在瞿塘峡遇到阻力后由右副将廖永忠选精兵突袭瞿塘天险，才打开了四川的东大门。与此同时，傅友德的北路陆师所向披靡，四月攻克了阶州（今甘肃武都县东南）、文州（今甘肃文县）、绵州（今四川绵阳），六月又攻占了汉州（今四川广汉）。六月二十二日，汤和与廖永忠合攻重庆，夏主明昇（明氏第二代皇帝）投降。七月，傅友德部攻下成都，随后扫平了周围郡县，平定四川。明昇到达京师后，被封为归德侯。十月，征蜀军队凯旋，朝廷论功行赏，傅友德排第一，廖永忠属第二。

朱元璋制作铁榜申诫功臣

明初，一些加官进爵的开国大臣，倚仗特权，为非作歹，凌暴乡里，奴仆杀人也隐匿不报。洪武五年（1372）六月，朱元璋出于保全功臣之意，命工部制作铁榜申诫功臣，不要纵使奴仆倚势作乱。

铁榜共有9条命令：申明律令，责令公侯奉公守法，不准他们侵害百姓的利益，保护私有法纪和徭役规定。如命公侯不得接受官军所送之礼，不得强占官民山场、湖泊、茶园及金、银、铜、锡、铁冶炼者，不得纵使家仆侵夺田产财物，不得倚恃权豪、欺压百姓等。凡有违上述命令者都有受杖、充军、受刑、处死等相应处罚规定。

铁榜公布后，收到了相当的效果。

明洪武八年（1375），朱元璋给西藏楚布寺噶尔马活佛的敕谕。

但仍有些武将继续胡作非为。如蓝玉专横恣暴，畜庄奴数千人，渔肉乡里；郭英私养家奴 150 多人，滥杀无辜；周德兴营造宅第，踰制豪华；朱亮祖专擅不法，贪婪无厌等。洪武十三年（1380）终于爆发了胡惟庸案，洪武二十六年（1393）又爆发了蓝玉案，两次党狱，使那些元勋宿将被杀戮殆尽。

　　朱元璋制作铁榜，申诫功臣，对明初抑制豪强、整顿吏治、稳定社会秩序起到了一定的积极的作用，对剥夺公侯兵权、加强皇权也具有一定的现实意义。但同时暴露出朱元璋意图阻隔公侯与官军联系的用心，以及他害怕公侯掌握兵权的心理。由此引起的武将缺乏的后果，也是朱元璋意想不到的。

宋濂主编的《元史》成书

　　明洪武四年（1371）二月，宋濂主编《元史》成书。

　　《元史》是记载元朝史事的纪传体史书。共 210 卷，包括本纪 47 卷、志 58 卷、表 8 卷、列传 97 卷，记载了从成吉思汗至元顺帝约 160 年间蒙古、元朝的历史，尤以元朝史事为主。该书依据实录、后妃功臣列传及诸家所撰行状、墓志，表、志，依据《经世大典》等书而撰成，因此

《元史》书影。明洪武年内务府刻本。

书中保存了不少原始史料，尤以天文、历史、地理、河渠等四志材料最为珍贵，是研究元史的基本资料之一。

《元史》以比较完全的纪传体皇朝史的形式记述元代的历史，视野宏大，内容丰富，并在一些方面显示其独具的特色，为它书所不可代替。由于元朝的十三朝实录和《经世大典》均已失传，赖《元史》得以存其精华，更加重了《元史》的文献价值。《元史》的本纪和志占全书篇幅过半，而本纪占全书近1/4，作为研究元朝历史的史料来看，《元史》的史料价值更高于某些正史的收录。

《元史》修撰的时间，前后只有11个月，成书之速也给它带来了不少缺陷、讹误，一些史事又未加详细考核订正，又未曾利用元代的一些重要资料，因此，如蒙古族的源流发展、中西交通等重要史迹，亦多未加叙述。译名、史实也存在不少错误，对资料的处理也缺乏融汇贯通功夫，有的照搬沿用案牍原文，文辞也欠斟酌推敲，故为后来学者所非难。

《元史》的编成，成为记述元代历史的最可信赖的著作，为后人研究元代历史提供了宝贵资料。

制作符牌

明洪武四年（1371）五月，太祖朱元璋诏命工部制造用宝金牌及军国调用走马符牌。

用宝金牌共有两枚，由中书省、都督府分别收藏，在调兵之时使用。走马符牌分金、银两种，金字牌20个，银字牌20个，宽2.5寸，长5寸，均为铁质，贯以红丝缘，平时藏于内府，适于因有紧急军务而派遣的使者佩戴。后来，走马符牌也改用宝金牌，宽3寸，长9.5寸，上钑二凤，下钑二麒麟。

同年六月，朱元璋又下诏，命礼部参考旧典，制定武臣金银牌制，作为在外武臣随身悬带的证物。金银牌规格一样，宽2寸，长1尺，上钑双龙，下钑二伏虎，贯以红丝带。指挥所佩戴的金牌，上有双云龙、双虎符；千户所佩戴的是镀金银牌，只有一条云龙、独虎符；百户所悬带的是素银牌符。全国共有500个双云龙、双虎符金牌，2000个独云龙、独虎符镀金银牌，11000个素银牌，上面都有朱元璋亲自撰写的阳文："上天佑民，朕乃率抚，威加华夷，实凭虎臣，赐尔金符，永传后嗣。"符牌制是明王朝加强军事集

权的重要标志。

明完善政治体制

　　明朝初年，朱元璋采取了一系列旨在完善政治体制的措施。

　　政治方面：洪武元年（1368），朱元璋下令所有大小官员，凡年满七十者，都辞官回乡，钦定了统一的致仕制度；洪武五年（1372），朱元璋制定乡饮酒礼；同年六月，设定宫官女职和吏、户、礼、兵、刑、工六部职权范围。洪武六年九月，更定散官资级的制定和申报，制定庶务法。洪武七年九月，朱元璋取消宁波、泉州、广州 3 处以外的市舶提举司。洪武九年（1376），改行中书省为承宣布政使司。洪武十三年（1380）正月，朱元璋借胡惟庸案

明皇陵。位于安徽省凤阳县城西南，是明太祖朱元璋父母兄嫂之墓。洪武二年（1369）始建，十一年建成。有城墙三道。神道上相对石雕麒麟二对、狮四对、虎四对、华表二对、马与控马手六对、豹四对、羊四对、文臣二对、武将二对，共32对，对历代帝王陵墓中石像最多的一处。

罢除中书省，废左右丞相制，把丞相权力化归六部，九月，设置春夏秋冬四辅官。洪武十五年又废四辅官而设置殿、阁大学士。殿阁大学士、六部尚书以及都察院、大理寺、通政司的"九卿"都直接听命于皇帝。在军事方面：洪武五年（1372）正月，朱元璋制定武选法，洪武六年正月制定教练军士律。洪武十三年（1380）正月，朱元璋将大都督府分为前后左中右五军都督府，共同掌管军旅之事。法律方面：洪武六年（1373），朱元璋命刑部制定《大明律》，洪武九年又制定"详议厘正十三条"，后来又颁布亲自编撰的《大诰》、《大诰续篇》、

《大明律》书影。

《三篇》；在制定明文律令的同时，朱元璋也实行了严厉的廷杖制度。文化方面：洪武四年（1371），明朝开始设科取士，乡试、会试、廷试，三年一大考，科举制日趋完善。

明初，朱元璋通过上述一系列政治措施的实行，使明王朝的中央集权制得到进一步加强与巩固。

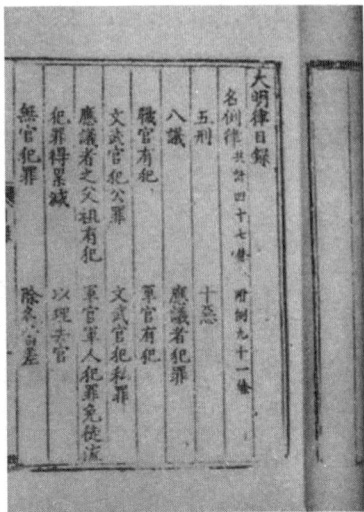

设立粮长制·掌赋税征收

明洪武四年（1371）九月，太祖朱元璋令天下郡县设立粮长，专门管理赋税征收。

朱元璋规定浙江、江苏、安徽、江西、湖广、福建等地纳粮一万石左右的地方为一个粮区，区内指派粮长、副粮长各一人，由区内田多的大户充任，负责田粮的催收和解运。

洪武六年（1373）九月，因苏、松地区赋重粮多，朱元璋下令在粮长之下再设知数、斗级、送粮夫等，以协助粮食的运输和交纳。粮长还参与编写赋役黄册和鱼鳞图册的任务，在辖区范围内享有相当大的权力。粮长凭借职

权与里长、甲首，以及官吏相勾结，鱼肉乡民，中饱私囊，造成农民破产，逃户增加，赋税差役无法征收的严重情况。洪武十五年（1382），为了改变这些弊端，朱元璋诏令革除粮长，由里甲负责征粮。3 年以后粮长制又得以恢复。洪武三十年（1397）七月，朝廷对粮长制进行改革，按区而设，区设正、副粮长 2 名，轮流充当，相互监督。

明政府设立粮长制，除保证了税粮的如期征解外，还有富民的用意。可是，粮长、里长、甲首及地方官吏交相勾结，反而加重了劳动人民的负担，这是朱元璋始料不及的。

全国冶炼铁 850 余万斤

明洪武六年（1373）九月，工部上书，称各省冶炼铁共达 8503820 斤。

洪武七年六月，明政府在全国设置 13 个炼铁所，设大使一人，副使一人，掌管冶铁。13 个冶铁所分布在江西的进贤、新喻、分宜，湖广的兴国、黄梅，山东的莱芜，广东的阴山，陕西的巩昌，山西的吉州、太原、泽州等地。其中进贤、新喻、分宜、黄梅都是年产铁百万斤以上的大型冶铁所。后来，四川、河南也相继发现铁矿，设所冶铁。

洪武十五年至十八年（1382～1385），各地冶铁业基本上停顿下来。十八年底，工部上奏说山西交城出产云子铁，产量大，是制造兵器最好的材料，朱元璋马上允许各地铁业重新开采。洪武二十八年（1395），因

明河北琥安冶铁炉遗址

内库贮铁 3000 余万斤，数量宠大，朱元璋再次下令罢除各处铁业，但允许私人自由采炼，按"三十取二"进行课税。洪武三十一年，政府又下令重开铁业。这样时开时封，使得明朝官营冶铁产量极不稳定。

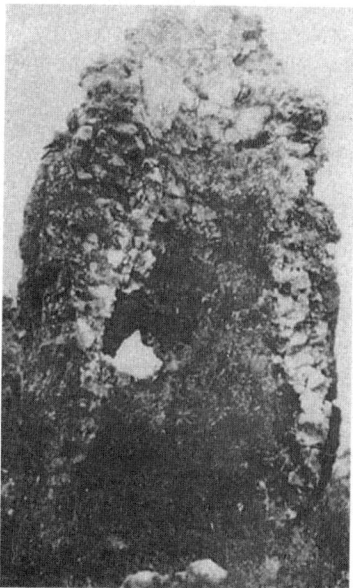

颁行大明宝钞

　　洪武八年（1375）三月，朱元璋下令印制"大明宝钞"，并在民间通行。

　　明初，市面上流通的货币多为鼓铸的铜钱"洪武通宝"。然而，刚刚建立的明王朝极端缺乏铜料，铜质货币远远不能满足市场需要。为此，朱元璋借鉴元代实行的纸币制度，印制"大明宝钞"与铜钱并行，以纸币为主，铜钱为辅。宝钞以桑穰为原料，长1尺，宽6寸，质地为青色，上面绘有龙文花栏，横题额写着"大明通行宝钞"。宝钞共有6等：1贯、500文、400文、

明代纸钞一百文

明代印刷的纸钞一贯

300 文、200 文、100 文，后来又增加了一种面额为 50 文的小钞。政府同时规定：每钞 1 贯值铜钱 1000 文，银 1 两、4 贯值黄金 1 两。

宝钞颁行后，朝廷禁止民间以金银进行货物交易，违者治罪。人们可以持金银到政府兑换宝钞，但不能用宝钞换取金银。若宝钞年久昏烂，可以到行用库兑换成新钞。凡交纳商税、课派时则钱钞兼收，100 文以下只用铜钱。

由于明政府未能控制宝钞的发行量及钞本不足，很快导致了宝钞的贬值。洪武末年，明政府被迫取消了大明宝钞。

徐达北征失败

明洪武五年（1372），徐达北征失败。

明朝初年，（北）元兵士相继归附，只有扩廓帖木儿出没边境，实为后患。

洪武五年（1372）正月二十二日，朱元璋在武楼与诸将商讨边关之事，筹划良策，徐达表示愿率兵征剿。于是朱元璋任命徐达为征虏大将军，作为中路；李文忠为左副将军，作为东路；冯胜为征西将军取甘肃，作为西路。

正月二十六日，三路兵马出发，分别进剿。二月十七日，徐达派都督蓝玉先出雁门，在野马川大败蒙古军；五月初六，徐达到达岭北，扩廓帖木儿、贺宗哲合兵来战，徐达大败，明军数万人战死，只得收兵坚守营寨。

冯胜的西路军于六月初三到达兰州，右副将军傅友德在平凉击败元将失剌罕，进军永昌后，又大败太尉朵儿只巴。六月，冯胜等进入亦集乃，守将卜颜帖木投降，于是他们攻占了瓜沙州，获得金银马牛无数，至此平定甘肃。而李文忠的东路军出居庸关后，于六月二十九日抵达应昌，元兵四处逃散。随后东路军又在土银河大败元军。但班师时，因迷失道路，粮饷断绝，致使许多军士渴死饿死，伤亡惨重。

此次北征，虽西路军获胜，但中、东两路军损失惨重。因此，朱元璋感到要永清沙漠并不是件容易的事。从此他改变了战略，以防御为主，先后派遣大将练兵备边，修葺城池，严加守备。

蓬莱水城建成

洪武九年（1376），备倭城——蓬莱水城建成。

明代沿海各省经常受到海上倭寇骚扰，特别是自明中叶后，这种情形加剧，甚至侵入内地，烧杀抢掠。所以自明初以来，就在沿海要冲设置防御据点，这些海防建筑体系分为卫、所、堡、寨等，山东蓬莱水城就是其中的典型，可以从中看出明代海防据点的形制和特点。

蓬莱水城又称备倭城，北面临海，南接府城，背山控海，地势险要，是明代典

蓬莱水城入口水门

型的海防要塞。明洪武九年（1376），登州升格为府，并修筑水城，立水军师府于此，经历代多次修建，成为停泊战舰、驻扎水师军队、出海巡哨的军事要塞。

蓬莱水城由两大部分组成，一是以小海为中心，包括水门、防波堤、平浪台及灯楼等海港建筑；二是以水城为主体，包括炮台、敌台及水闸等军事

蓬莱水城

防御设施。水城依地势环绕小海而筑，呈不规则长方形，周长约 2200 米。城墙为土筑，后以砖石包砌。城墙的高度依地势相差较大，西、北地处山崖，城墙较低矮；东南是平地，城墙比较高峻，平均约 7 米，墙原在 8 ～ 10 米间，墙顶做女儿墙雉堞。整个城墙设 2 个门，北为水门，又称关门口，与大海相通，东西有高大门垛与城墙相接，底宽 9.4 米，深入水下达 11 米多，全部用砖石筑，坚固异常；南是通向州城的城门，上建城楼。在北西东 3 面城墙均建有敌台，伸出城外 5.5 米，高与城齐。炮台有 2 座，分别设于水门的东北、西北方向，东炮台高过城墙 2.5 米，西炮台建在山崖上，两座炮台与水门呈犄角之势，控制出进海路，构成严密防御体系。小海为水城内的主体部分，居城正中，呈南北狭长形状，面积达 70000 平方米，是停泊船舰、操练水师的场所。小海的北面转折向东，形成一个东西长 100 米、南北宽 50 米的不直接与海相连的迂回缓冲地段，最后北折入海。正对水门设立缓冲地段南岸的平浪台，与东城墙相接，全部以块石包砌成，台上是水师驻地。自水门外沿东城墙向北延伸，构成防波堤，全由块石堆积而成，形成一道屏障。小海北端的迂回缓冲地段、平浪台、防波堤的规划布局有很高的科学性。海浪经过防波堤努力会有所减弱，再经过平浪台的回旋转折，风浪减缓，水门外自然是海浪汹涌，但小海内却风平浪静，小海深度在退潮时亦能保持3米以上，船舰无须候潮，可任意出入。

蓬莱水城在港址的选择、港湾的规划布局、军事防御设施配置及许多建筑工程技术上，无不表现明代工匠的高超技艺和设计规划的科学性。无论作为军事战略要地，还是一般的海港来说，它在我国海港建设史上都具重要的地位。

废除市舶提举司

元至正二十七年（1367），朱元璋在太仓的黄渡设立市舶提举司（简称市舶司），设提举一人（从五品），副提举二人（从六品）及属官等，负责海外诸蕃朝贡、贸易之事。明洪武三年（1370），朱元璋罢除黄渡市舶司，在宁波、泉州、广州分别设立市舶提举司，掌管日本、琉球及占城、暹罗、西洋诸国朝贡和贸易。由于日本反复无常，就限制日本十年朝贡、通市一次，每次人数不得超过200，船不超过二艘，用金叶勘合表文加以验证，防止欺诈。后来海禁日严，朱元璋于是在洪武七年（1374）九月取消宁波、泉州、广州三市舶提举司。永乐元年（1403）又重新设置。嘉靖元年（1522），因给事

明洪武五年琉球帆船抵福州港前来朝贡贸易情景图

中夏言上奏称倭寇之祸起于市舶，世宗朱厚熜即下令革除福建、浙江市舶司，只留广东市舶司。

市舶司的罢废，打击了外商的欺诈行为，也影响了明朝的对外贸易，可谓利弊兼有。

开国功臣刘基病卒

明洪武八年（1375）四月，著名文学家、政治家刘基去世，享年64岁。

刘基（1311～1375），字伯温，青田（今浙江）人，元至顺二年（1331）考中进士，历任江西高安县丞、江浙儒学副提举、浙东元帅府都事等职。后辞官归乡，专心著书立说。朱元璋攻占浙东后，刘基应召到了南京。他向朱元璋陈述时务十八策及灭元方略，劝朱元璋脱离小明王自立，深受朱元璋的赏识。此后，他辅佐朱元璋灭陈友谅、张士诚，北伐中原，南平诸郡，立下赫赫战功，为明朝开国元勋之一。明朝建立后，刘基先后担任太史令、御史中丞兼太史令。他主张

刘基像

把休养生息、加强武备视为立国的两大根本，曾参与朝廷多项重大决策。洪武三年，刘基被封为诚意伯。后因左丞相胡惟庸诬陷，被遣还乡。洪武八年，忧愤而死（一说被胡惟庸毒死）。

刘基博读经史，精通兵法韬略、天文地理，能书善文，著有《郁离子》、《写情集》、《春秋明经》等传世之作，后人将它们汇刻为《诚意伯文集》。

胡惟庸案发·罢丞相

明洪武十三年（1380）正月，朱元璋以"图谋不轨"罪诛杀左丞相胡惟庸，取消中书省，废除丞相之职，更定六部。

胡惟庸，安徽定远人，早年随朱元璋起兵，颇受宠信。他历任元帅府奏差、宁国知县、吉安通判、太常少卿等职。洪武三年，胡惟庸被授予中书省参知政事之职，六年升任右丞相，十年进升左丞相，位居百官之首。随着权势的不断增大，胡惟庸日益骄横跋扈，独相数载，生杀黜陟。凡内外诸司上奏的文书，他必定先行阅读，对自己不利的就藏匿不报。于是，奸邪之徒和失职功臣都纷纷投其门下，馈送的金帛、名马、玩好不计其数。他曾谋害徐达，借探病之机毒死刘伯温，并培植私党，擅权营私，以图谋反。十三年正月二日，御史中丞涂节告发胡惟庸谋反，朱元璋于是诛杀了胡惟庸、徐宁、涂节等人。为了肃清"逆党"，朱元璋穷追不舍，前后株连杀戮3万余人，其中包括开国功臣李善长、陆仲亨等1公、21侯，时间长达10年之久。

胡惟庸被杀后，朱元璋罢除丞相之职，取消中书省，并规定此后朝廷不得再立丞相。丞相掌管的事务交六部分理，由皇帝直接统领，中央集权得到进一步加强。

改立都指挥使司

明洪武八年（1375）十月，朱元璋下令，改行省都卫指挥使司为都指挥使司（简称都司）。

开国初，朱元璋设置了行省都督府，所设官员与都督府同。洪武三年（1370）杭州、江西、燕山、青州千卫被升为都卫。洪武四年，置各都卫断事司，以理军官、军人词讼。其后，朱元璋又设立河南、西安、太原、武昌、大同、

北平行都指挥司夜巡铜牌（正面）

北平行都指挥使司夜铜牌（正面）

成都、福州、建宁、广东、广西、定辽和西安共 12 都卫。都卫节责任重大，由朝廷选择升调，不许世袭。同年十月，朱元璋将在京留守都卫改为留守卫指挥使司、在外都卫更名为都指挥使司，共改设 13 个都司和 2 个行都司（甘州、沙州）；十四年设中都留守司；十五年增设贵州、云南都司；二十年再设大宁都司。

都司归属大都督府，洪武十三年分别由五军都督府管理，但由兵部统一调遣。都司设都指挥使一人及都指挥同知、都指挥金事等官，掌管一方的军政，并负责本司的练兵、屯田、军器、漕运、京操、备御等事务。遇有战事时，所有官兵都被征调出征，平日则可散归各本部。

空印案爆发

洪武九年（1376），为严惩地方统计官员事先备有空白宫印帐册，到户部结算钱谷，朱元璋下令将各地方衙门主印长官一律处死，史称"空印案"。

元朝时，考校天下钱谷册书，都是先署印再书写有关内容，时称"空印"。明初规定，每年各布政使司、府、州、县均需派遣统计官员到户部，呈报地方财政的收支帐目及所有钱谷之数。所报之数必须与布政使司、布政使司与户部的数字完全相符，稍有差错，即被驳回重造帐册，加盖原衙门官印后，方为合法。可是省、府远的离京师六七千里，近的也有三四千里，他们为节省时间，免除统计官员往返之苦，便让计吏事先预备盖有官印的空白帐册，遇有部驳，随时应急填用。该空白帐册盖有骑缝印，不能做别的用途，户部对此从不干预，习以为常。洪武八年，太祖朱元璋得知空印之事后勃然大怒，认定乃地方官吏欺罔之举，下令严惩不贷。尽管湖广按察金事郑士利上书，详述空印册籍的来龙去脉，晓以利害，但也无济于事。据统计，此案上自尚书下至守令，被杀者数百人，充边、杖刑者更多。洪武十五年，朱元璋下令府、州、县衙门上呈钱粮书册时，都用半印勘合行移，遂为定制。

三宋书法承元人

"三宋"是由元入明的三个著名书法家：宋克、宋璲、宋广，他们主要活动在明太祖洪武年间。他们的书法主要是继承元人的传统，讲究字体的外形之美，即"尚态"。

宋克（1327～1387），字仲温，号南宣生，长洲（今江苏苏州）人，曾

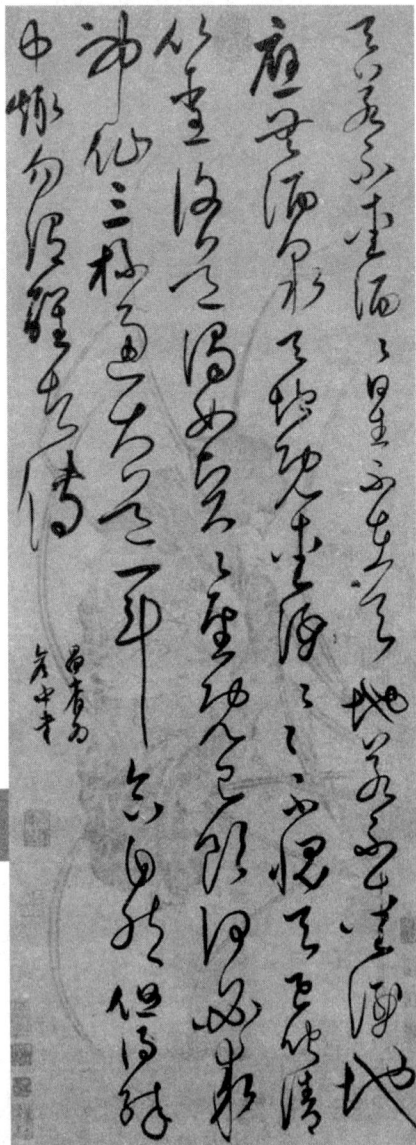

宋广草书《李白月下独酌诗》

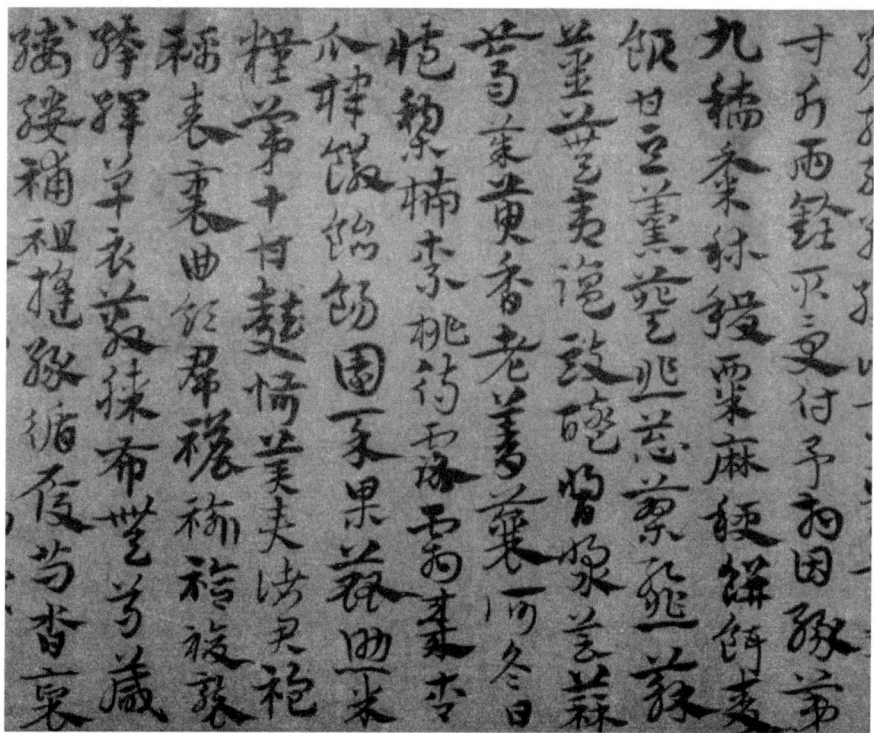

宋克草书《急就章》

任凤翔同知。他是明初第一位著名书法家，擅长真、行、草、章草等书体，尤其以章草名动一时。他的楷书师法钟繇，行草取法于王羲之，章草则专学吴皇象的《急就篇》。《草书急就章》卷（故宫博物院藏）就是临写吴皇象的代表作，作品融今草与行书的特点，显示出有别于古章草的健美格调。宋克的章草书法上承元代书法家的余绪，使得魏晋以来的古章草书法得到复治和发展。从他的作品中可以看出，他变古章草的扁方字形为长方体势，变圆厚古拙的用笔为挺拔瘦劲的笔划，使章草这种书体呈现新的意趣。

宋璲（1344 ~ 1380），字仲珩，浦江（今浙江金华）人，是明代开国名臣宋濂之子，官至中书舍人，因涉胡惟庸之案被杀。他擅长于真、隶、篆、草书，其小篆之工，被誉为明朝第一。他的小楷也端谨婉丽，风姿娴美；行草书则结体修长，笔画瘦劲，善于在迅疾的运笔中结势，发展了康里氏笔法的遗意，也不时地采用章草书笔法的波磔，以增强其健美之姿。他的传世真迹仅有《敬

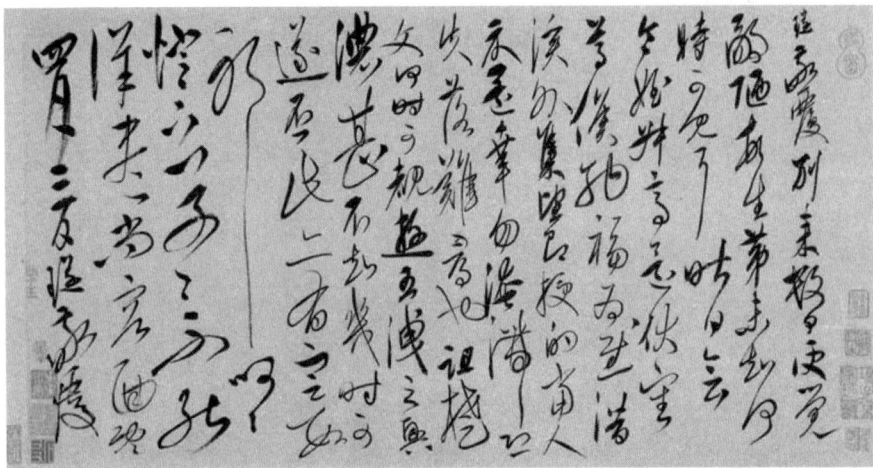

宋璲草书《敬覆帖》

覆帖》（故宫博物院藏），笔法圆熟道媚，游刃自如。

宋广（生卒年未详），字昌裔，河南南阳人，官至沔阳同知。他是专以行草书而名世的书法家。宋广的笔法多取瘦劲，长于结势，他所临怀素的《自叙帖》用笔纵横奔放，如走龙蛇，真可谓达到了从心所欲而不途矩之境。他的传世作品除了《临自叙帖》之外，还有《草书风入松》、《太白酒歌》（都藏于故宫博物院）。

《洪武正韵》编成

明洪武八年（1375），乐韶凤、宋濂等人奉敕纂成《洪武正韵》一书。它对传统韵书持批评态度，认为"韵学起于江左，殊失正音"，应该用"中原雅音"（即北方官话音）来定正旧音，故又名《正韵》。

《正韵》共16卷，它是在《礼部韵略》、《中原音韵》的基础上，根据当时的官方实际语音总结而成。该书声调仍保留平、上、去、入四声，声中分部，共76部。

平声22部：东、支、齐、鱼、模、皆、灰、真、寒、删、先、萧、爻、歌、麻、遮、阳、庚、尤、侵、覃、盐。

上声 22 部：董、纸、荠、语、姥、解、贿、轸、旱、产、铣、筱、巧、哿、马、者、养、梗、有、寝、感、琰。

去声 22 部：送、置、霁、御、暮、泰、队、震、翰、谏、霰、啸、效、箇、祃、蔗、漾、敬、宥、沁、勘、艳。

入声 10 部：屋、质、曷、辖、屑、药、陌、缉、合、叶。

由此可见，它的平、上、去三声是一脉相承的。因此，如果不计声调，实际上只有 22 韵。这和元代熊忠的《古今韵会举要》在声类、韵类方面的划分十分接近。

《洪武正韵》以当时的读书音为根据，而读书音因袭性、保守性较大，保存了一些旧有的东西，因而与以当时的口语即说话音为反映对象的《中原音韵》有一定的差距。如《正韵》平声不分阴阳，且保留了入声，而《中原音韵》则"入派之声"，平分阴阳。

《洪武正韵》作为明代影响较大的音韵书仍有其价值，主要表现在它一定程度上反映了当时北方官话的实际情况，对汉语官话的形成过程的研究有一定作用。此外，《正韵》在当时的曲艺界有很大的影响，南曲作家、艺人对它较为推崇，以它作为曲韵协律的标准。"北主《中原》，南家《洪武》"就是南方戏曲界以《正韵》为其曲韵协律标准的证明。但明清学者多批评它不南不北，不古不今。

中国火器进一步发展

明代火药炼制技术的发展为火器的进一步发展提供了条件。管形火器技术迅速发展，文献记载和实物出土均较前代大大增多。火器名目较多，以现代技术划分，主要有炮、铳、枪三种。其中，口径较小、手提、有托、抵肩点放的为枪；口径稍大的叫铳，口径更大的叫炮。

明代火炮种类较多，见于《明史》、《明会典》、《武备志》、《天工开物》以及考古发掘的有：大将军炮、二将军炮、三将军炮、四将军炮、五将军炮、守门将军炮、旋风炮、碗口炮、神威大炮、铜发炮、威远炮、红夷炮等，计约 50 余种。既有本国自行设计的野战炮、攻城守塞炮、舰船炮，也有少数仿

明架火战车，长350厘米，宽320厘米。这是由独轮车与火箭、火铳、长枪组成一体的由两人操作的战车。

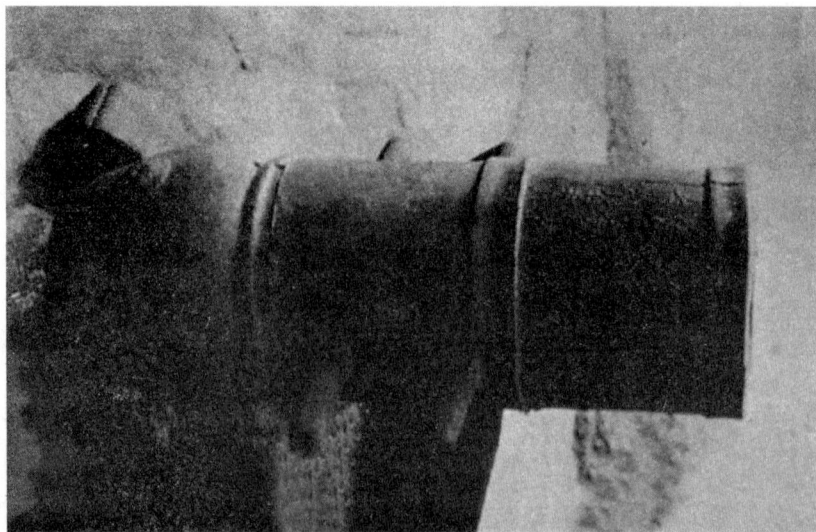

明洪武十年（1377）所造铁炮

明代军队所用火铳

造外国的红夷炮等。明代初年发明了铁炮。山西省博物馆收藏的3件洪武十年造的铁炮是现存中国最早的铁炮，通长100厘米，口径21厘米。铁炮锻制强度较高，重量较小，因而威力大且较为轻便。明代中期发明的"提心铳"是近代火炮和炮弹的早期形态，在一定程度上克服了火炮"重而难举，发而莫继"的缺点。明代火炮还在炮身上仿照佛朗机的装置，在炮身前加了照星，后设了照门，炮架改为固定式，从而大大提高了火炮命中率；又发明了可以转动的"滚车"和"台车"，从而增大了火炮的灵活性；炮身上钉的铁爪和在炮车装铁锚，则减少了后坐力的不利影响，提高了发射的稳定性和安全性。

　　明代火枪的数量和品种较多，主要有单管式、多管式和分段式三种。明中期的单管枪"飞天神火毒龙枪"，可长距离发射铅弹，近距离喷射毒火，格斗时用枪锋，一器三用。明代中后期发明了带瞄准器的火枪——鸟枪。目

前在考古发掘中所见年代较早、口径较小的金属管形火器是内蒙古托克托县发掘的 4 件洪武年间造的铜火铳。

明代火箭成为军队中的主要轻型火器。分为单级式和多级式。单级式又有单发式和多发式（集束式）两种。多发火箭是将许多支火箭用总药线联成束一齐发射。明代多发火箭至少有 10 种不同的类型，即五虎出穴箭（5 支单火箭集束），七（7 支）、九龙箭（9 支），火弩流星箭（10 支），火笼箭（17—20 支），长蛇破阵箭（30 支），一窝蜂箭（32 支），群豹横奔箭（40 支），四十九矢飞帘箭（49 支），百虎齐奔箭（100 支）等等。射程为 200—500 步，箭头多涂射虎毒药，兼有纵火、杀伤两种功能。多级火箭是明代火箭技术的主要成就。《武备志》等书有"火龙出水"、"飞空砂筒"等二级火箭的记载。发射时，先点燃龙头和龙尾下部的 4 支火箭，推动火龙前进，当其燃烧将尽时，连接引信便将腹内火箭引燃，腹内火箭由龙口飞出，射向目标，此龙腹内火箭就成了第二级火箭。"飞空砂筒"是飞出后又有飞回的二级火箭，是明代火箭技术的最高成就。发射时，先点燃飞去的药筒的引信，对准敌人放去，刺在敌人船篷或船帆上，喷出火焰和细砂。待敌救火，则毒砂落于眼内，极难医治，因而杀伤力很高。当向前的药筒燃烧将尽时，通过引信把飞回的药筒点着，使火箭返回，使敌人莫名其妙而引起惊恐，出奇制胜。

火药理论提出

明初成书的《火龙经》一书记载了早期的火药理论。其后的《武备志》、《天工开物》也有关于火药理论的记载。

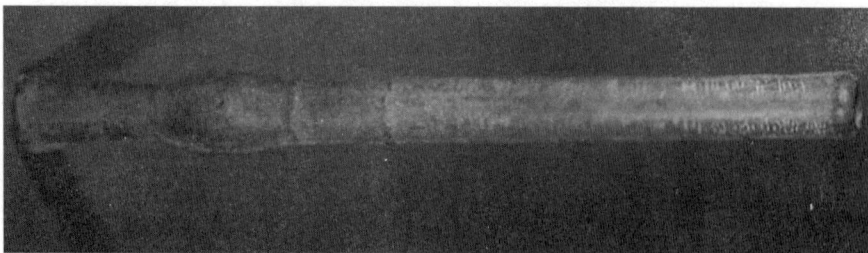

明洪武年（1372）所造铜手铳

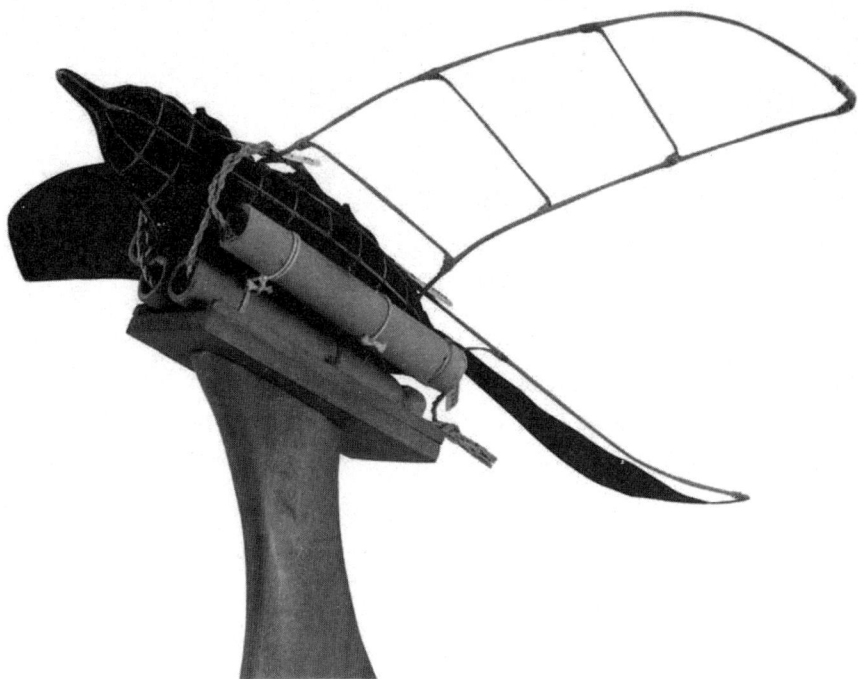

明神火飞鸦。翅长 64 厘米，长 56 厘米。以扎制风筝的形式，结合火箭推动的原理发明的燃烧弹。用竹篾扎成乌鸦形状，内装火药，由 4 支火箭推动，可飞行 300 多米，多用于火战。

　　火药是以硝石、硫黄和木炭按比例配成的。明代以前提纯硝石的基本方法是重结晶法，而到了明末则出现了更为有效的提纯方法。茅元仪的《武备志》（1621）提出在再结晶过程中加入草木灰水；《天工开物》，介绍了以几个萝卜和它同时煮熟的提炼方法，焦勖《火攻挈要》提出除加萝卜及草木灰水外，还加鸡蛋清、皂角及水胶。这些都是非常科学的提纯硝石的方法。明代提纯硫磺技术又有了新的发展，出现了以油炼硫的方法。《武备志》、李盘《金汤借箸十三筹》（万历末年）、《火攻挈要》等书有所记载。提炼硝、硫并制得木炭后，下一步是将三者碾成所需大小的颗粒并按比例配制成火药。因用途不同，比例及粒度也有不同。中国古代火药的配制理论与中国药物学理论是一致的，它要求火药的配制符合"君臣佐使学说"。

　　据《火龙经》的记载，硝、硫磺、炭在火药中作用各不相同，因而，根据火药的不同用途，其配合比例也不一样，射击用火药、硝石较多，爆炸用火药、硫磺比例应大一些。在明代学者看来，硝、硫、铁、炭及其他助剂在火药中分别起到君、臣、佐、使的作用。宋应星《天工开物》中所提出的火药爆炸理论颇具代表性，他认为火药以硝石、硫黄为主，草木灰（炭）为辅，硝和硫的性情分别是极阴和极阳，当这两种物质被放于没有间隙的空间中时就会爆炸，硝的性能主直，因而希望爆炸的力量呈纵向的话，则硝与硫的比例为 9：1，硫磺的性能主横，所以希望爆炸的力量显横向，硝与硫的比例当为 7：3。这一朴素的火药爆炸理论，对古代生产实践起了指导作用。

明代火药种类繁多而且针对不同的用途，选择各种适宜的配比，如有专用的火铳药，用于火药炮和地雷的炮火药、爆火药，用作照明信号用的药方以及用于娱乐的烟火药等。明《墨娥小录》中列举了"金盏银台"、"金丝柳"、"赛明月"等 22 种烟火的配方，足见其对火药配合比的认识已相当深刻。

明代的火药，特别是明代中期以后的火药，除少数燃烧型和用做信号的火药配方外，硝的含量基本上达到了 75% 左右，硫的含量则由宋代的 30% 下降到 10% 左右，炭也保持在 12 ～ 15% 之间。这种配比已接近近代黑火药的标准配比。这在《武备志》中有所记载。

火药在唐朝就已发明，但直到明朝，才提出了火药理论，并在古代生产实践中确实起了指导作用，这是一大进步。而在西方，近代合理的火药理论只是到了 19 世纪才趋于完善。

持续诏修《明会典》

明洪武十三年（1380）废除中书省，不再设宰相，而由六部（吏、户、礼、兵、刑、工）分掌中书省职权。六部的职权和地位大大提高，成为直接对皇帝负责，分任朝政的中央最高一级行政机关。

建文帝为了用法律的形式确认新的行政管理体制，调整日益复杂化的行政关系，开始注意制订行政法律规范。英宗时已将修订会典纳入议事日程。孝宗弘治十年，儒臣受命仿照《唐六典》体制，编纂记述明代典章制度，于弘治十五年（1502），编成《大明会典》，共 180 卷。又经过武宗正德年间内阁重新检订，拾漏补缺，遂正式颁行于天下。世宗嘉靖八年续纂，通称《嘉

靖续纂会典》，但未颁行。神宗万历四年（1576）重修会典，于万历十五年完成，通称《万历重修会典》。

取材于明代官修律、令、礼、式、宪纲和诸司档案籍册的《明会典》，仿照《唐六典》的体例，以六部官制为纲，按宗人府、六部、都察院、六科、各寺、府、监、司的次序，对各行政机关的职掌和事例进行分述。其内容广泛，记述详备，是明代典章制度的总集，也是立法的重要成就之一。

明初监察机关仍袭唐宋旧制，在中央设御史台。洪武十五年改为都察院，设左、右都御史。宣德十年，根据当时省制增设13道监察御史，共110人，并相应建立了监察御史出使巡按地方的制度。还创立了负有独立监察权的六科给事中，负责监督六部官吏，由此而分化了都察院的监察大权。都察院与六科给事中两者之间有一定的分工，但并不绝对而是相互牵制，共同向皇帝负责，为加强君主专制服务。

为确定监察机关的责权和活动程序，明代制定了较为完善的监察立法。洪武年间则以敕令和单行法的形式出现，到洪武二十六年，以《宪纲总例》为代表都察院机关法规已陆续制定。到正统四年，规模宏大、内容详密的监察法规则已形成。共分15部分，即宪纲总例、督抚建置、各道分隶、纠劾官邪、考复百官、急缺选用、奏请点差、出巡事宜、照刷文卷、回道考察、问拟刑名、追问公事、审录罪囚、监礼纠议、抚按通例等。同年，制订了《纠劾官邪规定》，列举了都察院对于文武百官违法失职予以奖惩的4条规定；制定了通政使司典章总例5条11款，事例6条；六科给事中总例36条，各科事例共137条。其中总例确定职掌范围，事例列述工作细则。洪武二十六年，又特定监察御史《出巡事宜》27条，用以约束监察御史在地方上的活动。可见监察方法之完善。

以上有关监察体系的建立，完善的监察立法，均收录于《大明会典·都察院一》或《大明会典》卷二一0中，足以表明在明一代已形成了颇具规模的行政法律体系，《大明会典》是行政立法的总汇。

明代继承回回天文学

元代初期曾设有回回司天监、回回司天台，并颁行过回回历法。洪武初，明军进入元大都时，获得了一大批遗留的回回历法著作，受到明太祖朱元璋的重视，从而对回回天文学成就展开翻译、研究并加以继承。

当面对数十百册回回天文学著作而无人能解时，于洪武元年（1368）设置回回司天监，与由太史院改名的司天监并行。诏征元太史院使张祐、元回回司天太监黑的儿等14人，并寻召元回回司天台官郑阿里等11人到京城议论有关回回历的事。朱元璋又让他们聘请了西域精通阿拉伯天文学的专家马德鲁丁为回回司天监监正。洪武三年（1370）改司天监为钦天监。

马德鲁丁带来了他的3个儿子。长子马沙亦黑，字仲德。接任回回钦天监监正，明太祖赐配其第十三公主。马沙亦黑的主要功绩是编译回回历法。回回历法包括太阴历、太阳历、日月五星行度推算和日月交食预报等4个部分，其中后两部分尤为重要。它虽为回回历法，却是结合中国情况编译而成的。是了解阿拉伯天文学的重要参考文献。

马哈麻，字仲良，是马德鲁丁的次子，1371年起任钦天监监副，文材郎，曾奉明太祖朱元璋之命，成为《明译天文书》的主要译者，该书是阿拔斯王朝的阔识牙儿于991年前后所著的一部星占书，原书名《占星术及（天文学）原则导引》，译名有《天文书》、《乾方秘方》和《天文象宗西占》等。《明译天文书》不仅讲述了回回占星术的内容，作占方法，也介绍了不少中国人所不熟悉的阿拉伯天文知识，例如其中有20个阿拉伯星座名称和30颗星的星等和黄经。该书译成后，明太祖朱元璋称赏它不仅有补于今世，而且将会对后世产生重要的影响。

由于明朝对学习天文学的厉禁和回回历非正统等诸多原因，奉敕翻译的《回回历书》和《明译天文书》都没有被广为传播或研究，但却保存了一些珍贵的阿拉伯天文学资料。

中国宗法祭祀体系基本完成

　　中国传统的宗法性民族宗教的完全成熟和周备是在明代完成的，明代修定宗法宗教祀典同它对整个礼乐典制的因革充实连在一起，具体说来，有三次的修改和变更。

　　第一次是明代初期朱元璋在位之时，明太祖统一天下不久即开设礼乐二局，广征耆儒，分项研讨，洪武元年命中书省及翰林院、太常司，定拟祀典。于是总结以往祀典的历史沿革，酌定郊社宗庙之制，礼官与儒臣又编集郊庙山川仪注和古帝王祭祀感格可垂鉴者，名曰《存心录》。洪武二年，诏儒臣修礼书。第二年写成《大明集礼》。明太祖又屡次敕命礼臣编修礼书，并于在位30余年中，亲撰礼制礼法之书10余种，与前代相比，一个重要变化便是，将天皇、太乙、六天、五帝之类，尽行革除，并将历代加封诸神之称号一概免去，恢复其本来称呼，同时又诏定国恤，父母之丧并服斩衰，长子之丧降为期年，正服旁服以递而杀，史称"斟酌古今，盖得其中"。

　　第二次是在永乐年间，京城从南京迁到北京，大规模兴建皇宫紫禁城，接着兴建太庙与社稷坛，又兴建了天坛、先农坛（时称山川坛）等宗教祭坛，其坛制规格大致仿效洪武南京之定制，但在建筑质量与样式上则大有改进。

　　第三次是在世宗嘉靖年间，嘉靖皇帝热心于议大礼，以制礼作乐自任，其变更较大者有：分祀天地，复朝日夕月于东西郊，罢二祖并配以及祈告火雩，享先蚕，祭圣师，易至圣先师号，其最甚者尊其父兴献王朱祐杬为皇帝，其神主以皇考身份进入太庙，引起朝廷持久争论。孝宗朝所集之《大明会典》于此时数有增益，更加完备。

　　祭祀由太常寺负责，从属于礼部。明初以圜丘、方泽、宗庙、社稷、朝日、夕月、先农为大祀，太岁、星辰、风云雷雨、岳镇、海渎、山川、历代帝王、先师、司中、司命、司民、司禄、寿星为中祀，诸神为小祀，后改先农、朝日、夕月为中祀，天子宗祀者有天地，宗庙社稷、山川、国有大师、命官祭告、

中祀小祀皆遗官致祭，帝王陵庙和孔子庙特别派员致祭。各卫亦祭先师。

每年由国家举行的祀礼，大祀有 13 种：正月上辛祈谷、孟夏大雩、季秋大享、冬至圜丘皆祭昊大上帝，夏至方丘祭地祇，春分朝日于东郊，秋分夕月于西郊，四孟季冬享太庙，仲春仲秋上戊祭太社太稷。中祀有 25 种：仲春仲秋上伐之明日祭帝社帝稷，仲秋祭太岁、风云雷雨、四季月将及岳镇、海渎、山川、城隍，霜降日祭旗纛于教场，仲秋祭城南旗纛庙、仲春祭先农，仲秋祭天神地祇于山川坛，仲春仲秋祭历代帝王庙，春秋仲月上丁祭先师孔子。小祀共 8 种：孟春祭司户，孟夏祭司灶，季夏祭中雷，孟秋祭司门，孟冬祭司井，仲春祭司马之神，清明、十月朔祭泰厉，每月朔望祭火雷之神。封王之国所祀，有：太庙、社稷、风云雷雨、封内山川、城隍、五祀、厉坛。府州县所祀，有：社稷、风云雷雨、山川厉坛、先师庙及所在帝王陵庙。各卫亦祭先师，可见祭天只在中央，祭太庙可降至王国，社稷山川风雨之祭则遍及府州县。普通庶人，可以祭里社、谷神及祖父母、父母与灶神。

蒙医形成

从 14 世纪初叶开始，在印度哲学、医学理论的影响下，蒙古人又广泛吸收汉医、阿拉伯医、意大利医中适合本地区和本民族特点的医学知识，促进萌芽状态下的蒙医理论系统化，蒙医学的内容变得丰富起来，蒙医学初步形成。

朱元璋所下六条谕旨的图解碑，要人孝顺父母、和睦乡里、尊敬长上、教训子孙、各安生理、勿作非为，简称"六谕"；碑上有图解及歌。

在这一时期，蒙古主要活动着两个医学流派，即传统蒙医学派和藏医学派。前者是古代蒙古医学的继承者，其代表人物有淖尔基·墨尔根、觉罗·伊桑阿、呼和初及其徒弟娜仁·阿柏、包达日玛等。蒙医最主要的医学成就表现在治验骨伤外科疾病和饮食疗法等方面。对于骨伤外科疾病的疹治，蒙医采用的方法和技术十分独特且具有鲜明的民族特色，他们用磁石、碱和公山羊尿、哺儿母乳等共涂局部，根据皮肤是否变黑判断有无病变，称为药疹法，而治疗骨折的方法也十分丰富，如拔罐提骨法、夹板法、压垫固定等，治疗陈旧性骨折所使用的马奶酒罨敷和羊皮疗术分离法尤有特色。以震治震的治疗脑震荡的方法效果也非常显著，所有的治疗方法，都充分体现了其浓郁的民族及地方特色。

藏医学派是在藏医的理论基础上吸收了汉族医学和古印度医学的内容而发展起来的。这一学派在治疗创伤外科和内科病变方面积累了相当丰富的经验，较多地应用放血疗法。在用药上，较多地应用动物组织入药，且多施用散剂。

蒙医医家对于医药学进行了总结，写了不少医药著作，并把一些汉文和藏文医药书籍译成蒙文，大大促进了蒙医学的发展。而蒙医学的形成和发展，其独特的医疗方法和技术又反过来促进汉、藏、回族等医疗水平的提高。

中国方志兴盛

中国方志起源很早，在汉代已有了撰述，方志经魏晋南北朝和唐宋的发展，至元明清已走向它的全盛时期，据《中国地方联合书目》记录，明代方志有900多种。

明代方志撰述的成就，首先在于它是官修，为各级政权组织重视，获得了广泛的社会性。明代社会经济、

南京城墙。至今仍保留了部分明代洪武初年建造的城墙，墙体高大，气势相当宏伟。

文化发展较快，加上又有修史和修志传统的推进，尤其是全国区域总志的编纂成为直接的推动力。明统治者对编纂全国总志高度重视，洪武三年（1370）"诏儒士魏俊民等类编天下州郡地理形势，降附颠末为书"，规定志书内容可分疆域、城池、山川、风俗、户口、寺观、人物、杂文等21目。

明代方志撰述的第二个特点是省志撰述的创制和定型。省志是各布政使司的通志，当时多以"通志"为名，《明史·艺文志》地理类著录了《山西通志》、《山东通志》、《河南通志》等10余种，通志的修撰受到地方大吏的普遍重视。从政治上看，通志是合国总志和府、州、县志的中间环节，有利于增强人们的历史意识和维护祖国统一。

开创边关志、边镇志、卫志这一方志门类是明代在方志撰述上的第三个特点，修撰这类方志是出于军事的需要，但它扩大了方志的内容，同时也证明了修志的现实意义。《明史·艺文志》地理类著录这类方志，有刘敏宽《延镇图说》2卷，刘昌《两镇边关图说》2卷、张雨的《全陕边政考》12卷及《天津三卫志》、《潼关卫志》等，其中刘效祖《四镇三关记》、詹荣《山海关志》、还有《明史·艺文志》未著录的郑晓《九边图志》都是知名的边关边镇志。

西安城楼。明洪武三年至十一年（1370～1378），在原唐皇城基础上兴建。城墙呈长方形，周长11906米，高12米，底宽15-18米，顶宽12-15米，墙外壁建敌楼980座，顶楼外沿砌垛口5874个，四角各建角楼，东西南北各建城门一座，分别称长乐门、永宁门、安定门、安远门。

1381 ～ 1390A.D.

明朝

1381A.D. 明洪武十四年

十二月，罢翰林学士承旨等官，改置学士，命考核诸司章奏。是岁，名学者宋濂死。

徐达建山海关。

1382A.D. 明洪武十五年

正月，大军下云南诸州郡。闰二月，大军取大理，俘埒段明等。段氏据大理数百年，至是绝。五月，广平府吏王允道以请置铁冶于磁州，被流海外，于是各处铁冶多停；嗣虽渐复，然产额减少。八月，复科举，三年一行。定试秀才之制；十一月，置殿阁大学士。修治国子监旧藏书板。置锦衣卫。

1383A.D. 明洪武十六年 三月，命西平侯沐英镇云南。

1384A.D. 明洪武十七年

三月，重定科举取士制，乡试以八月，会试以二月，各三场。

七月，禁宦官预外事，并禁诸司与内监交移往来。

1385A.D. 明洪武十年

户部侍郎郭桓以赃死，事连各省官吏数万人，多冤枉者。名将徐达、名画家王蒙死。

1386A.D. 明洪武十九年

五月，福建僧彭玉琳作白莲会，自号弥勒佛祖师，新淦民杨文等拥玉琳称晋王，谋起事未成，皆死。

1387A.D. 明洪武二十年

正月，大发兵攻元残军之屯金山者。以锦衣卫非法虐犯人，焚其刑具，命系囚仍付刑部审理。

1388A.D. 明洪武二十一年

策试进士，始命立题名碑于国子监；四月，大军至捕鱼儿海，俘元皇子地保奴及妃嫔。是岁，元脱古思帖木儿汗为部下所杀，恩克卓哩克图汗立。

1390A.D. 明洪武二十三年

正月，以元残兵扰边，命晋王棡、燕王棣帅师攻之。

三月，燕王棣受元将乃儿不花等降，自是元降军先后至北平者皆归燕王棣调用，燕兵因之益强。

1386A.D.

立陶宛与波兰合并为一。海德堡大学成立。

1387A.D. 乔叟发表《坎特伯雷故事集》。

1389A.D. 波斯诗人哈菲兹去世。

方孝孺维护朱学

方孝孺（1357~1402），字希直，又字希古，号逊志，人称正学先生。明代浙江宁海人，宋濂得意弟子。初为太祖子蜀王世子师傅，后任惠帝时翰林院学士、侍读学士，建文四年（1402）六月，方孝孺拒不受诏，且揭露朱棣篡位，被朱棣夷九族。著作多散佚，后人仅辑《逊志斋集》24卷。

方孝孺与其师宋濂思想倾向不同，维护朱学，反对心学空谈，并抨击佛教"异说"。针对当时学术界偏重道德修养，多空谈性命而不"务实"的不良风气，指责某些儒士只知修身而昧于治事，他说："谈

方孝孺像

性命则或入元密（玄秘）而不能措之行事，攻文辞或离于实德而滞于记问，扣之以辅世治民之术，则冥昧而莫知所为"（《逊志斋》卷九）。所以，他强调君子学道，当有"经世宰物"之心，切不可修身而忘世，而要修、齐、治、平一以贯之。因而他说："知之致其明，行之致其笃，用于世则使……九州四海老癃单弱之民得其欲。"（《逊志斋》卷十六》）

方孝孺维护而且尊崇朱学，反对心学派"弃书语，绝念虑，锢其耳目而不任，而侥幸于一旦之悟"（卷十四）的注重心悟的做法，主张"博文约礼"，

"格物致知"。并认为心学派那套注重"心悟"的"一旦之悟"的做法，完全是受佛教"异说"的愚弄而不知其害的结果。方孝孺维护儒学正统，抨击佛教学说，指出佛教"异说"的危害性。他认为如果此"异说"，"用之修身则德隳，用之治家则乱伦，用之于国于天下则毒平生民，是犹稊稗之农也、学之蠹者也"（卷十七），不过，亦可见其抨击佛教"异说"，也是从维护封建伦理纲常为出发点的。此外，他还用"气既尽而死，死则不复有知"（卷一）的观点，批驳佛教"重生于世"、"生死轮回"的迷信思想。

方孝孺维护尊崇朱学，被刘家周在《师说》中称赞为"程朱复出"、"千秋正学"。可见其对维护朱学所作的努力极多。

宋濂绝食而死

明洪武十四年（1381）五月，开国文臣、明代台阁诗派及复古潮流先驱宋濂去世。

宋濂（1310～1381），字景濂，号潜溪、玄真子。浙江浦江（今金华）

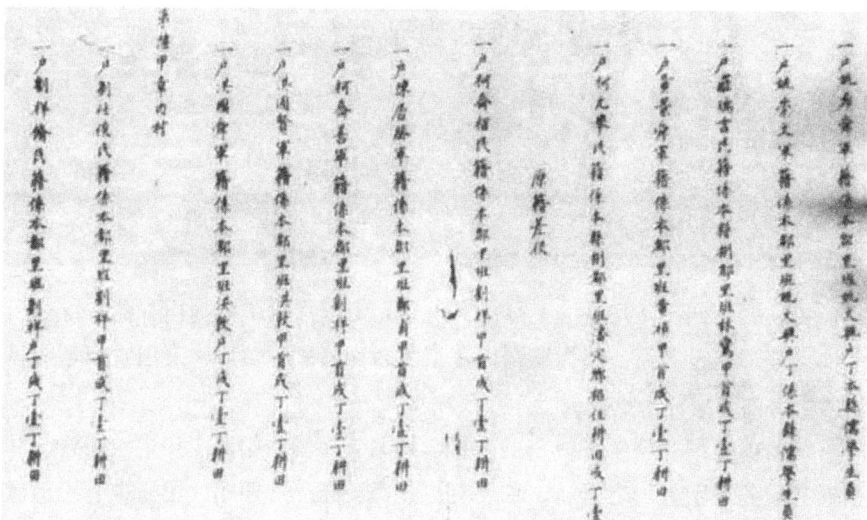

泉州府德化县黄册钱粮奏销册

人。元至正中担任翰林院编修，后以年老相辞，隐居东明山。朱元璋攻克婺州后，他被聘为五经师。至正二十年（1360）到达应天，任江南儒学提举，不久改任起居注。洪武二年（1369），担任《元史》纂修总裁官，书成之后迁任翰林学士，兼修国史。洪武四年，再迁任礼部主事、赞善大夫。洪武六年，参与制定礼乐诸典，奉命编辑《辨奸录》，编修《大明日历》、《洪武宝训》等，深受朱元璋赏识，洪武十年致仕归家。

宋濂像

洪武十三年（1380），胡惟庸案发，宋濂次子宋瓍、长孙宋慎相继被斩，宋濂受牵连被逮至京师，朱元璋欲置之死地，后经皇后、太子讲情，免于一死，被贬茂州（今属成都）。中途行至夔州时，寄居僧舍，绝食而死，享年72岁。

宋濂于学无所不通，为文醇深古茂。四方学者都称他为"太史公"。他一生著有《宋学士全集》、《龙门子》、《浦阳人物记》、《周礼集说》、《孝经新说》等书。

赋役黄册制度形成

明洪武十四年（1381）正月，太祖朱元璋以徭役不均为由，命户部令天下郡县编写赋役册籍。因为册籍以黄纸为封面，故称黄册，又因它以征收赋役为主要内容而称为赋役黄册。

黄册内详细登载了每一户的乡贯、姓名、年龄、丁口、田宅、资产，并根据其职务规定人户之籍属，主要有军、民、匠、灶四籍。民籍中有一般应役之民户，还有儒、医、阴阳等户。匠籍登记手工业户，向政府承应工匠差役。灶籍登记制盐户。其编造方法是：先制好黄册格式，发给布政使司，再

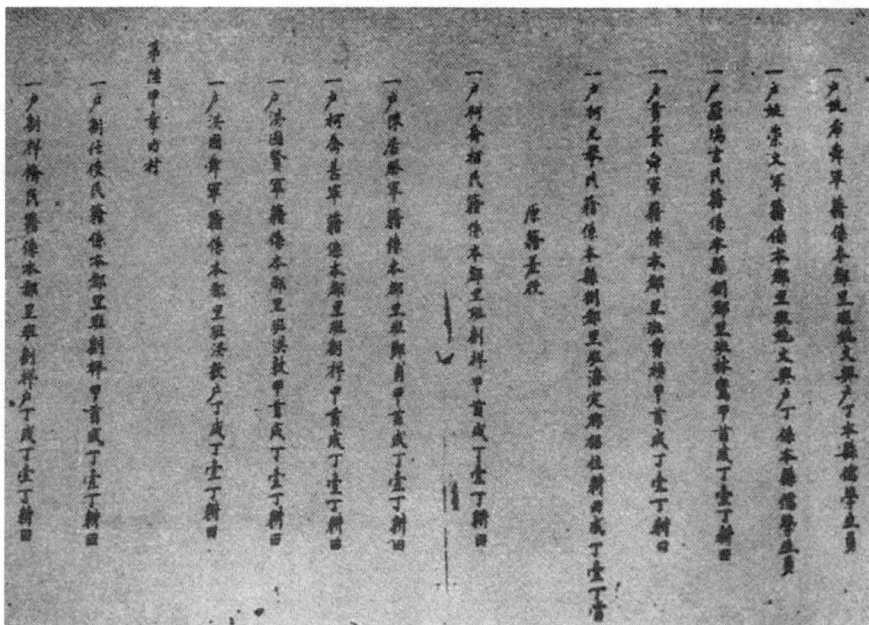

明代赋役黄册

发给府县及人户手中。人户按格式所列内容填写，上交甲首，甲首再上交坊、厢或里长，加以汇总报本县官员核查，并逐级上报府、布政使司、户部，最后由户部做综合核查。表格一式4份，1份报送户部，另3份由布政使司、府、县分别存档；同时规定，黄册10年编造一次。为了反映10年间人丁生产的增减变化，又分别开列旧管、新收、开除、实在等项目。黄册制度有严厉的规定和处罚措施，以保证顺利编造和赋役的征收。

明设后湖黄册库管理档案

　　明洪武十四年（1381），朝廷推行黄册制度，赋役黄册每次编造四套，其中三套是青色封面，谓之青册，分别存放于布政司、府（州）、县，另外一套是黄色封面，谓之黄册，上交中央户部保存，存于后湖的东西二库，所以存放黄册的库房就称为黄册库。

　　黄册库的管理极其严格，初建时由户部侍郎代管，明迁都北京后，由南京户科给事中一员和户部广西清吏司主事一员专管。平时，黄册库的工作人员一般保持在130名左右，包括库匠、抬册夫、水夫、膳夫及专门的办事吏等，另外还有专门负责晒晾黄册的监生50名。每逢十年一届的新册入库之年，人员还要大量地增加，为使保存在库内的黄册免遭虫蛀，册架一律选用木制，而不用竹制。为库内通风所需，库房一律东西朝向，前后有窗。每年的4～10月间，有专门的晒晾人员将黄册抬出库外，摊开，置于阳光下晒晾。由于黄册库建于岛上，与外界的联系只有船只，为防止受到外界侵扰，朝廷甚至严格限定船行的日期，只有每旬的一、六两日尚可行船进出，其他时间若有敢于私自进湖上岛强闯黄册库者，一律处于"斩刑"。

　　后湖岛上黄册库的建筑规模是随着时间的推移逐渐增加的。最初，岛上只有九间库房，册架35座。随着每十年一次的新册入库，都要增建库房约30间，到后来库房多达667间，遍及湖上旧洲、中洲、新洲各岛，册架多达2660余座，收存的各地黄册多达153万余册，成为中国古代最大的档案库。

平云南

　　明初，云南由元宗室梁王占据。明政府多次派遣使臣前往招抚，均遭杀害。

　　洪武十四年（1381）九月，朱元璋命傅友德为征南大将军，蓝玉、沐英为左、右副将军，统领大军征讨云南。出师前，朱元璋亲定进军方略。傅友德等受命出发，一路从湖广挺进，一路由四川南下，渐次进军，逐地攻占。元梁王派司徒平章达里麻率兵十余万屯驻曲靖，抵御明军。曲靖一战，沐英生擒达里麻，俘获2万多士兵。傅友德率军趁机攻占云南重镇乌撒，元梁王走投无路，携妻子投昆明滇池死。东川、芒部、乌蒙、水西诸蛮全部投降。接着傅友德又指挥明军攻占了段氏世守的大理国，云南全境悉平。

　　洪武十五年二月，朱元璋在云南设都指挥使司和布政使司，管理云南军政事务，留沐英镇守，并且让沐英子孙世守云南，直到明朝灭亡。

置殿阁大学士

　　明洪武十五年（1382），太祖朱元璋罢左右丞相后，又仿宋制设置殿阁大学士作为皇帝的顾问。朱元璋先后任命礼部尚书刘仲质为华盖殿大学士、翰林院学士宋讷为文渊阁大学士、检讨吴伯宗为武英殿大学士、典籍吴沉为东阁大学士。几日后又设立文华殿大学士，命耆儒鲍恂、余铨、张长年等充任，辅导太子，秩皆正五品，职权是侍奉天子左右，以备顾问，于政务无关。

　　虽然朝廷设置了诸多大学士，但先后任职的大学士们的结局是悲惨的，他们或致仕归里，或坐罪被贬，任期多则年余，少则数月。任期如此短促，加之选官或续或辍，又多为年逾古稀的耆儒，即使全是怀才有抱负之士，也难有施展才华的机会。而且在皇权高度集中，又有翰林、春坊详看草奏，兼司平驳的条件下，殿阁大学士的作用微乎其微。因此，殿阁大学士的设立，其意义不过在一定程度上填补罢中书省、废丞相及四辅官设而复辍之后，在组织形式上出现的空白。但此举却为成祖朱棣创建内阁制度奠定了基础。

朱元璋宠信僧道

　　洪武十五年（1382），朱元璋设置僧录、道录二司，在外府州县设置僧纲、道纪等地方分支机构。所有僧、道官员都挑选精通经典、戒行端洁者充任。寺观僧、道人数，也由僧录、道录二司送交政府存册。同时，政府赐给僧院、道观大量田地及细户，以备僧道使用，并免除

青海乐都瞿昙寺

寺院所有田赋徭役。僧道如违背清规戒律，由本司自行审理，地方官员不得干预。如果所犯之罪与地方军民有关联，也必须与僧道协商解决。朱元璋在位几十年，所写有关佛教的文章、诗、偈多达36篇。在朱元璋的宠信和扶植下，僧尼道士人数大增，全国不下万人。他们有的招摇蛮横，行为不法，有的还对朝中大臣诬告诽谤。大理寺卿李仕鲁因进谏禁佛，被摔死殿下。

朱元璋宠信僧道，通过宗教，进一步加强了对人民思想领域的控制。

《华夷译语》编成

明洪武十五年（1382）正月六日，《华夷译语》编成。

元朝早期并无文字，发号施令时，只能借高昌文书简单制成蒙古文字来

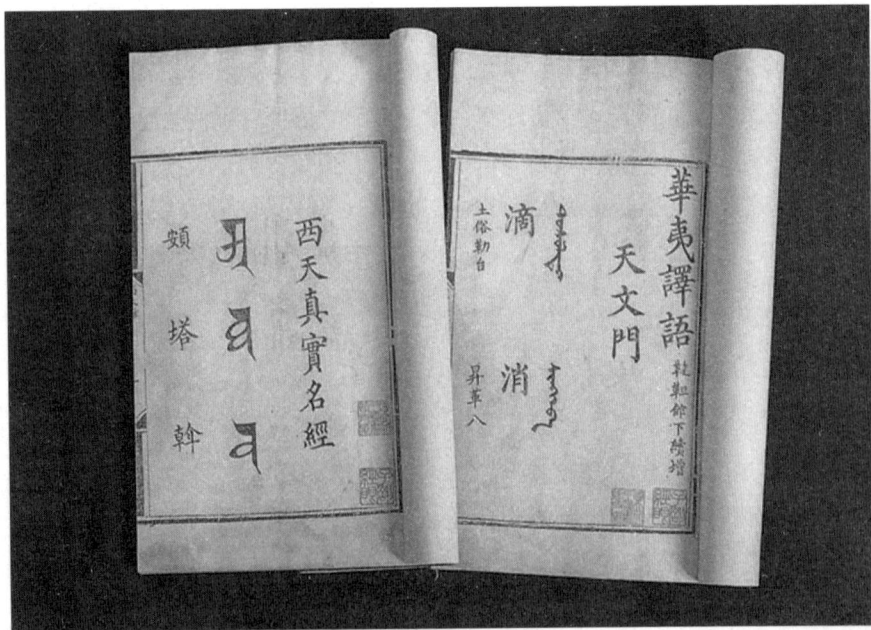

《华夷译语》。华夷译语是明清两代会同馆和四夷馆（清初改为四译馆）编纂的多种语言与汉语对译的辞书的总称。共有四种版本，三种成书于明代，一种成书于清代。图为明代火原杰用汉字记写蒙古语的《华夷译语》。

使用。因此，蒙古字的译语因没有固定成书，汉人难以知晓。明朝建立后，为了了解元朝的有关情况，朱元璋命翰林院侍讲火原杰、编修马沙亦黑等人编撰《华夷译语》。《华夷译语》用汉文解译蒙古语，内容包括天文、地理、人事、物类、服食、器用等，实际上是一本汉蒙字典。编纂此书时还参考了《元秘史》等元朝史料，用切音方法，注明汉、蒙读音的差别。

　　《华夷译语》编成后，朱元璋下诏刊行。从此以后，使臣前往北方蒙古地区，汉蒙两族都能通达其意。

最高学府国子监太学成立

　　明洪武十五年（1382）三月，太祖朱元璋改国子学为国子监，将其作为全国最高学府。同年五月，新建太学落成。

　　元至正二十五年（1365），朱元璋在旧集庆路儒学设置国子学，诏令品官子弟及民间俊秀入学读书，设博士、助教、学正、学录、典乐、典书、典膳等官。吴元年（1367）国子学增加祭酒、司业、典簿等职。洪武八年（1375）又在中都凤阳设国子学。洪武十三年（1380）国子学迁址于鸡鸣山下。洪武十五年改国子学为国子监后，增设最高督学祭酒1人，司业1人，监承、典簿各1人，博士3人，学正、学录各3人，掌馔1人。洪武二十四年（1390）再次更定国子监的品秩、品数，使国子监的管理体制更加完善。

　　国子监建立后，学校制定有明确的规章制度：祭酒、监承掌管国子监诸生训导政令，监承参领监务，凡教官怠于教诲、学生违反监规、课业不精的，都要纠举惩治。博士负责授课，助教、学正、学录负责辅导学生经义文字。典籍管理书籍，掌馔负责饮膳。国子监诸生分六堂授课，3年为期，考试及格给出身，不及格者仍在监肄业。洪武年间，国子监诸生除按时参加科举外，还可直接由吏部任职。洪武二十六年罢中都国子监，承乐元年（1403）在北京置国子监，员额增减无常。

　　洪武十五年五月十一日，新建太学成立，亦称文庙。太学正堂中为公署，左为训导之所，右为课试之处；前为太学门，再前为集贤门。六堂后为诸生肄业居处；六堂之东为助教、学正等的居所。太学的旁边有号房，是诸生住

北京国子监辟雍

宿处，有妻子的学生居住在外面，每月给米赡养。

国子监的设立与完善，对明朝的学校教育及文化发展起到了重要作用。

锦衣卫建立

明洪武十五年（1382）四月，朱元璋废除仪鸾司，改立锦衣卫，作为皇帝侍从的军事机构。

朱元璋最初设置拱卫司，管领校尉，隶属都督府，后改拱卫司为拱卫指挥使司。洪武二年（1369），拱卫指挥使司再度更名为亲军都尉府，设仪鸾司归其统领。十五年改仪鸾司为锦衣卫后，下设指挥使、指挥同知、指挥佥事、南北镇抚司镇抚、千户等职，指挥使由皇帝亲信心腹担任。锦衣卫建立前的仪鸾司不过是替皇帝掌理仪仗的普通侍卫机构，改为锦衣卫后，权力大增。除掌管侍卫职权外，还有巡察缉捕和审理诏狱的权力。实际上是明朝设立的

特务组织。锦衣卫属下的镇抚司承办由皇帝命令查办的案件，他们用刑极为残酷，痛楚往往10倍于官刑。其中一种是廷杖，初期杖满即停刑，后期至打死为止。另外一种是用300斤重的立枷，几天就可将犯人压死。魏忠贤掌管锦衣卫时，又设断脊、堕指、刺心、"琵琶"等酷刑。这种对犯人严刑逼供、非法凌虐的做法，导致民情激愤、怨声载道。洪武二十年（1387），朱元璋不得不下令焚毁锦衣卫刑具，所押囚犯也由刑部审理；同时下令

锦衣卫印

内外狱都归三法司审理，废除了锦衣狱。但到了明成祖时期，锦衣卫又得以恢复，并由北镇司专门处理诏狱。

锦衣卫除拥有诸多特权外，还拥有大量田地。直到成化年间，他们的权势地位才有所削弱。

郭桓贪污案发作

明洪武十八年（1385）三月，户部侍郎郭桓因盗用官粮，在南京被诛。

郭桓曾担任户部侍郎，掌管尚书事务，主管全国赋税的征收。他利用职权与中央六部及各地地方官员勾结，侵吞官粮700余万石，寄存在全国各地。郭桓被告发后，朱元璋怀疑北平二司官吏李彧、赵全德等人与郭桓狼狈为奸，共同盗取官粮，便令法司严刑拷讯。结果，供词牵连直省官吏，逮捕入狱定罪的多达数万人，户部左右侍郎以下无一幸免。后来在追赃过程中，又涉及到全国各地大批地主富户，因此而破产的不计其数。朱元璋下令对这些违法奸吏永不赦免。一面下诏公布郭桓案情罪状；另一面将审刑司右审刑吴庸等酷吏治罪。这就是盗官粮案，又称郭桓案。

开国功臣徐达去世

明洪武十八年（1385）二月，明朝大将、开国功臣徐达去世。

徐达（1332～1385），字天德，濠州（今安徽凤阳）人。他少有大志，刚毅武勇，元至正十三年（1353）加入朱元璋的部队。在消灭江南群雄时立下赫赫战功。1367 年十月，朱元璋任命徐达为征虏大将军，率 25 万大军北伐

胜棋楼。位于南京莫愁湖公园内。相传朱元璋建都后曾与徐达在此下棋，徐达赢了，朱元璋便将莫愁湖送给了徐达，胜棋楼因此得名。

中原。朱元璋即位后，徐达任右丞相兼太子太傅。随后，徐达统兵攻克元大都、太原、大同、悉平，平定陕西，大胜北元之扩廓贴木儿军。洪武五年（1372），徐达又领兵北征沙漠，十四年再次帅汤和等征讨乃儿不花，建立了不朽的功勋。徐达智勇双全，治军严明，一生谦虚谨慎，能与下属共甘苦，士兵感恩戴德，故所向无敌。他功勋卓著，不愧为开国第一功臣。朱元璋称赞他：“受命而出，成功而旋，不矜不伐，妇女无所爱，财宝无所取，中正无疵，昭明乎日月，大将军一人而已。”

三法司决狱制形成

明洪武十七年（1384）闰十月，朱元璋诏令凡布政按察使所奏人命重案均由刑部、都察院详细审议，大理寺复审后奏明判决。部、院、寺，合称“三法司”。

明朝初年，议定罪犯罪名都由刑部负责，然后把有关情况送交四辅官、谏院给事中复审，核实无异后再奏明实行。后来朝廷罢除四辅官，而将此类案件交由刑部、都察院、大理寺处理。

三法司的刑部、都察院虽有详细审议、纠察案情的责任，但大理寺的封驳大权更为重要。大理寺卿握有审核平反刑狱的职权，对刑部、都察院和五军断事官审问的狱讼，都可以案牍，并能直接提审囚徒。情况属实的，大理寺定论后送交监狱候决；情词不明或有出入的，予以驳回改正。如果第三次驳回仍不能改正的，唯该官吏是问，称作照驳。如果囚徒有疑问翻案，则改换其它衙门审问。两次因异议翻案判决不服的，由九卿会审。三番四次审讯仍无法判决的，奏明圣上裁决。

三司法的建立，目的是为了消除元代司法权力分散与量刑不当的弊端，从而进一步完善了明朝的司法制度。

西安城墙。明初在唐长安城基础上建筑。墙顶内外沿筑矮墙（又称女墙），城墙外有城壕。西安城墙的整体建筑布局均为便于防守，是城市御体系的重要遗存。

开始以进士为翰林

明洪武十八年（1385）三月十五日，朝廷开始以进士为翰林。

明初的翰林院官，都由各地推荐。洪武四年（1371）开科举，状元吴伯宗只授予员外郎之职，榜眼、探花也只能担任主事。洪武十五年后，中央及地方各级官吏普遍满员，科举录用的进士，有的被送入翰林院、承敕监、中书六科等处，称为"庶吉士"；有的被送入都察院、通政司、大理寺或其他诸司观摩政务，称"观政进士"。庶吉士和观政进士因没有直接委任职务，都由政府统一发给出身禄米，在翰林院等待擢升任职。从此以后，翰林院就成为科举进士的清要进身之所。

进士入翰林，官品虽低，却被视为清贵之选。政府一旦有用人之时，即可出院外调，若能入直文渊阁参预机密，则更是贵极人臣。

制定鱼鳞图册核实田亩

　　明洪武二十年（1387）二月，朱元璋派遣国子监生绘制《鱼鳞图册》（即田亩清册），核实田亩。《鱼鳞图册》的编制，进一步确定了土地的所有权，既保证赋税的收入，又防止隐瞒欺骗之类的事情发生，比起《黄册》登记的土田更为缜密。本来《黄册》所登记的土田，都有详细的数据说明，但是江浙富民为逃避徭役，往往把田产记在亲邻佃仆名下，结果富者愈富，贫者愈贫。于是朱元璋派国子监生武淳等分巡州县，清丈土地，核实田亩。具体做法是：派遣官员到各州县，根据税粮多少定为若干区域，每区设粮长4人，并命各州县分区编造以田地为主、写明田主姓名的图册一式4份，分号详列面积、地形、方圆四至、土质，分存各级政权机构作为征税根据。

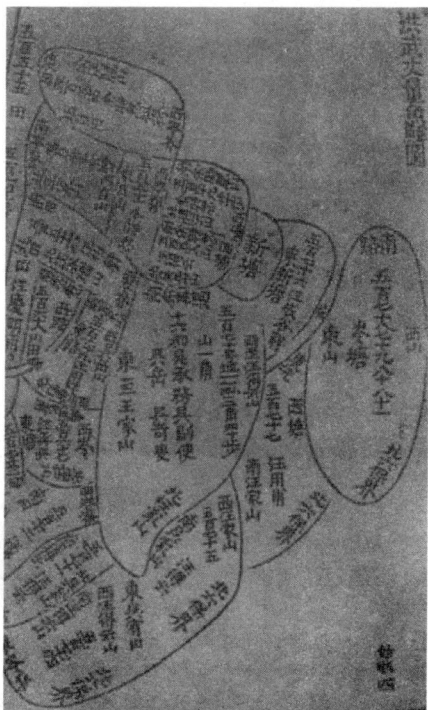

洪武丈量鱼鳞图册

因图上所绘田亩挨次排列如鱼鳞状，故名《鱼鳞图册》。如果出卖土田，税粮随契过户，由里甲报告州县，州县于年末通行造册解府。

　　《鱼鳞图册》的编制，避免了税存和富民"铁脚诡寄"的弊端，从而保证了朝廷的赋税收入。

解缙进呈《大庖西室封事》

明洪武二十一年（1388）四月，朱元璋在大庖西室如见解缙，要求他坦诚进言，陈述国事，解缙遂进呈《大庖西室封事》。

解缙是明初进士，因才能出众颇受太祖赏识。他的《大庖西室封事》实际上是一封谏书。解缙针对当时的形势以及朱元璋的治国方略提出了自己的意见，主要涉及政令和刑律两方面。他指出，明建国二十年，政令更动频繁，刑律也太多，以致出现了"好善而善不显，恶恶而恶日滋"的局面。他大胆指出，太祖喜欢读《道德》、《心经》等书是不适宜的，应该请有识之士编写一部

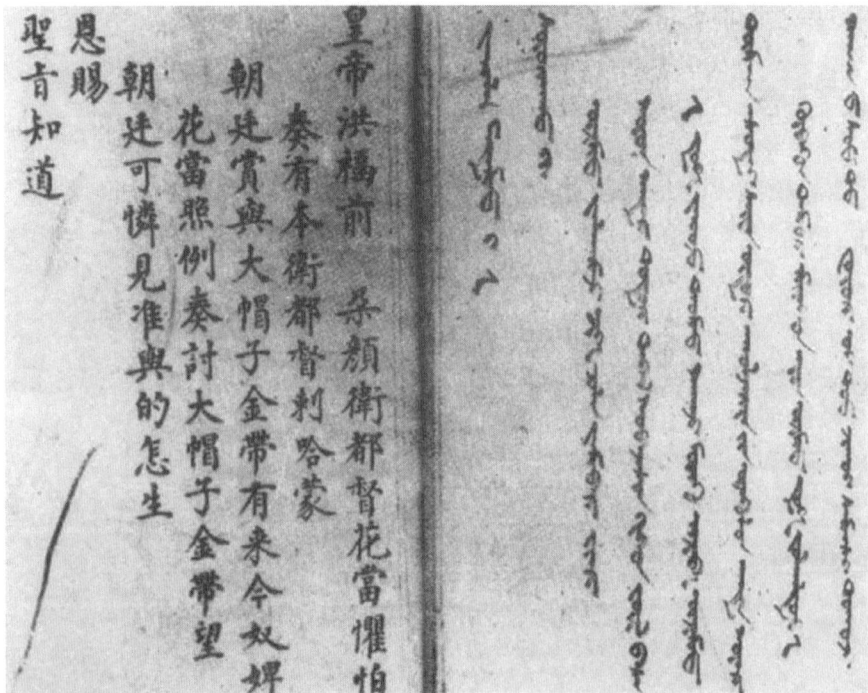

朵颜卫都督花当上明廷奏报

综合古代历史、文化、经济等各方面知识的书以供检阅。并对朱元璋"问刑多寡为勋劳"、"进人不择贤否"造成朝廷缺乏忠良行为进行大胆批评。此外，他还提出恢复授田均田之法，以便平准义仓，积蓄足够的粮食。最后解缙还提到了重视教育和重视治狱刑律问题。

朱元璋对解缙的谏书大加赞赏，并表示一定采纳他的建议。后来的解缙虽才学颇丰，但他恃才高傲，出语伤人，曾对兵部尚书无礼，引起众怒。朱元璋无奈，只得改任他为监察御史，以全其才。

沐英征讨思伦发

洪武二十一年（1388）正月六日，麓川思伦发大举内犯，西平侯沐英派遣指挥宁正前往征讨，在摩沙勒大败思伦发。

同年三月，思伦发为报摩沙勒之仇，亲率大军，号称 30 万，另加 100 多头大象，再次攻打定边。沐英闻报，立即挑选精骑 3 万，亲自率兵 1 万昼夜兼行，用 15 天的时间，于三月三十日赶到前线，马不停蹄地立即冲杀思伦发的象队，射杀大象数头及数百蛮兵。次日，思伦发驱赶象队再次进攻沐英。沐英把军队分成左中右三队，并发布军令：炮响一齐奋战，败退者格杀勿论！战斗一开始，明军矢、铳齐发，沐英亲自在高处督阵，喊杀声地动山摇，思伦发的象群因惊慌纷纷掉头回跑。但思伦发的骁将昔剌也率众与明军作殊死拼斗。沐英望见自己左军在昔剌的冲击下有退却迹象，立刻取下佩刀，令左右斩杀左军帅首。恰在此时，遥见右军中，一人挥刀飞驰而下，大呼突阵。沐英见机，立刻命将士全线出击，明军以一当百，奋勇冲杀。思伦发军全线崩溃，狼狈逃窜。此役明军斩杀蛮兵 3 万余人，俘获 37 头大象。西南诸蛮从此慑服。

设置兀良哈三卫

明洪武二十三年（1389）五月，太祖朱元璋在兀良哈设置泰宁、朵颜、福余三卫，安置（北）元降附军民。

话说 中华文明

洪武大帝时期

三卫本是元兀良哈氏居住的地方，地处黑龙江以南，渔阳塞北，元时为大宁路迤北境，是重要的军事战略要地。朱元璋曾多次派兵出塞，从此地征讨（北）元残余军事力量。此后鞑靼部落屡次进犯，为了对兀良哈地区进行有效控制，朱元璋任命阿札失里为泰宁卫指挥使、塔宾帖木儿为指挥同知、海撒男答奚为福余卫指挥同知、脱鲁忽察儿为朵颜卫指挥同知、各领其部，互为声援，共同守卫兀良哈地区。三卫地亘一千多里，地势复杂，其中朵颜一带尤为险峻，因而叛乱时有发生。

泰宁卫前千户所百户印

明设兀良哈三卫，加强了明政府对东北的统治，也促进了东北少数民族与汉族的经济、文化联系，对东北地区的开发起到了重要作用。

列侯还乡

明洪武二十三年（1390）五月二日，朱元璋因诸位公侯年老体迈，于是允许他们全部告老还乡，回归故里。其中有魏国公徐辉祖、开国公常升、曹国公李景隆、宋国公冯胜、申国公邓镇、颍国公傅有德等6公，朱元璋赏赐每人黄金300两，白金2000两、钞3000锭，文绮30匹。此外，永平侯谢成、南平侯赵庸、崇山侯李新、怀远侯曹兴、凤翔侯张龙、定远侯王弼、安庆侯仇正、武家侯郭英、鹤庆侯张翼等9侯也一并还乡，各得黄金200两、白金2000两、钞1000锭、绮30匹。

早在此前，朱元璋已遣几位公侯告老还乡，如朱元璋的同乡汤和。郭子兴起兵时，汤和率20余人投奔帐下，因屡立战功被升为千户。后来汤和跟随朱元璋南征北战，洪武三年（1370）十一月被封为中山侯。后因讨伐西南、征服漠北有功，于十一年进封信国公。十九年正月还京后，即向朱元璋乞求

告老还乡，朱元璋很是高兴。但由于江南沿海倭寇骚扰不断，朱元璋再命汤和前往筑城防御。汤和俯首听命，待完成这一任务后，于洪武二十一年六月携妻子及家人仆从启程回故乡凤阳，二十八年八月在故乡去世，享年70岁。死后追封为车瓯王。

王履作《重为华山图序》

元末明初的画坛，崇尚笔墨意趣，注重师承渊源，而忽视了对自然、生活的观察与描绘。这种摹古之风极大地束缚了艺术的发展，王履所作的《重为华山图序》从理论上对这个问题作了精辟的阐述。

王履认为，对于前人的经验和笔法要能有"从"有"违"。所谓"从"就是要继承前人优秀的艺术传统，"不大远于前人之轨辙"；所谓"违"，则是指不囿于古人的成法，当"时当违、理可违"时，就要大胆地脱出前人

《华山图册》（之一）

《华山图册》（之二）。此图册是王履于洪武十五年（1382）游历华山后所创作。描绘了华岳三峰奇险峻伟的景色，成功地表现出华山"秀拔之神，雄特之观"及石骨坚凝的特质。笔力挺拔刚劲、深厚沉着，墨气明润，浓淡虚实相生。

的窠臼，亲身体验自然界，开辟新的艺术境界。

　　在绘画上的"形"与"神"（意）之间的关系上，王履明确指出二者是不可分的。他说："画呈状形，主乎意。意不足，谓之非形可也。虽然，意在形，舍形何以求意？故得其形者，意溢乎形，失其形者，形乎哉！"他主张对于自然形态要加以取舍，再加以描摹，方能流露出其内在之意。

　　王履强调发挥艺术家创作的能动性。据说他50岁时攀援天险华山，身边带有纸笔，遇到胜景即描摹下来。对于自然造化的观察与实践，使他真正领悟到"画不神于所仿而神于所遇"的道理。艺术来源于自然造法，真正的艺术家要能够"去故而就新"，深入自然，磨炼、观察与体验，因而他提出了"吾师心，心师目，目师华山"的名言，这是对古代绘画理论的重要发展。

施耐庵作《水浒传》

施耐庵写成的章回小说《水浒传》是中国英雄传奇的最杰出的代表作，主要描写北宋末年宋江等领导的农民起义发生、发展直至失败的过程。

施耐庵，生平不详，一般认为是元末明初人，与罗贯中生活在同一时代。

《水浒传》在成书前经过长期的演变，宋元时期，宋江等人的事迹在民间广泛流传。杂剧家也创造了很多水浒戏。而把这些简单、零散的人物和故事汇聚到一起，写成规模宏大、内容丰富的长篇小说是元末明初文学家施耐庵的功劳。

《水浒传·单身劫法场》

《水浒传·秦张乔生衙》

《水浒传》是第一部以民众反抗斗争为题材的长篇小说，它以艺术的形式真实地反映了封建社会的腐朽、黑暗，揭示官逼民反的社会现实。小说的结局充满了悲剧气氛，使作品"自古权奸害善良，不容忠义立家邦"的思想得到进一步揭示。尽管如此，《水浒传》讴歌的英雄主义仍是作品最激动人心的地方，作者往往集中几回刻画一个或几个主要人物，特别是对宋江形象内心矛盾的细致描写，把他内心中正与邪、言与行、行与思、真与假、悲与喜等重要矛盾揭露得淋漓尽致，从而塑造了中国文学史上不多见的具有复杂性格的形象。同时作者还大量运用合理的想象和艺术的夸张，通过传奇性情节，使英雄人物达到理想化的境界。

《水浒传》的语言是以口语为基础，经过加工提炼而创造的文学语言，其特点是准确、形象、生动、明快，无论是叙述语言还是人物语言，大都惟妙惟肖，有浓厚的生活气息，人物语言的性格化达到了很高的水准。通过人物语言，可看出其出身、地位及所受文化教养而形成的思想习惯、性格特征。

《水浒传》的成功再次证明民间创作和文人创作相结合是中国古代小说发展的动力，在它的影响下，陆续出现了大批英雄传奇。作为《水浒传》余绪的陈忱的《水浒后传》就是比较优秀的作品，它热情地歌颂了梁山英雄的抗争精神，寄托了深切的爱国思想。

明营建南京

明太祖朱元璋定都应天（今南京）后，开始大规模营建都城，从1366年至1386年在原有城市基础上建成皇城、府城及外城三重，其规划布局反映了明代突破传统都城观念的建筑特色。

元至正十六年（1356）朱元璋攻占集庆（今南京）后，改为应天府，采取"高筑墙、广积粮、缓称王"策略，发展生产，且耕且战，为建都于此打下雄厚基础。至正二十四年朱元璋在此称吴王，建百司官署，两年后，拓应天府城，命刘基等在旧城东钟山之阳建吴王新宫。洪武元年（1368）朱元璋即皇帝位迁入新宫。尔后经过20年时间，按照自然地形，随势建城。

南京城的修建于洪武十九年（1386）峻工，为了利用险要地势和防卫，

位于南京城中华门的藏兵洞，前后四重，共 27 个。

中华门城上的跑马道

南京城平面呈南北长、东西窄的不规则形。城周约 67 公里，城垣高度一般为 14～21 米，基宽 14 米，顶宽 4～9 米，用石做基，上砌特制的大砖，垛口 13616 个，开有 13 个城门，以聚宝门最为宏伟壮观。城墙内有藏兵洞 23 个，可供三千士兵驻守。后又在都城外围建外廓城，长 120 公里，大部分依天然地形以土垒城，外廓城墙早已被毁，都城城墙则保留至今。皇城位于城东，平面呈方形，内有宫城即紫禁城。皇城以南北中轴线为主干，自洪武门至承

天门筑有大街，东侧有礼、户、吏、兵、工五部，西侧为五军都督府。宫城内依中轴线建奉天、华盖、谨身三殿和乾清、坤宁二宫，是皇帝举行大典、处理朝政及居住场所。城中心建有钟楼、鼓楼，在鸡笼山和聚宝山分别设有观象台。鼓楼东南的国子监是当时全国最高学府。玄武湖是存放明代全部黄册之处，湖心岛上建有库房，防守严密。

由于水陆交通便利，腹地广阔，南京的手工业和商业相当繁荣。商业区位于秦淮河两岸，经营粮食、竹木、薪炭、六畜、桐油、芝麻、茶叶、纸张等，商贾云集，百货充盈。手工业以丝织、印刷、造船著称。织造业除官营外，还有大量民间机户和机匠，产品丰富，畅销全国，并有颜料、印染等配套行业。秦淮河入长江口建有龙江宝船所，可以制造用于远洋航行的大船，郑和下西洋即以此为基地造船。不少外国使臣、商人到南京出使和贸易，浡尼国王那惹加在访问南京时病逝，即葬于此，陵墓至今尚存。

南京的各种宗教建筑也很多，著名的有灵谷寺、报恩寺、天宁寺、朝天宫、净觉寺等，特别是报恩寺内有一座九级琉璃宝塔，白天在阳光下熠熠生辉，夜晚点灯百余盏，成为天下奇观。

明成祖迁都北京后，南京的宫殿官署一直保留，在政治、经济、文化方面处于特殊地位。

内阁体制形成

明太祖朱元璋废中书省，罢丞相，暂时缓和了皇权与相权的矛盾，但由此也给独裁皇帝本人带来了很多困难。当时社会经济亟待恢复；重建统一大帝国的军事征战尚在进行。但面对繁重的公务，就必须建立起一个有效率的辅政机构。

废除丞相制八个月后，明

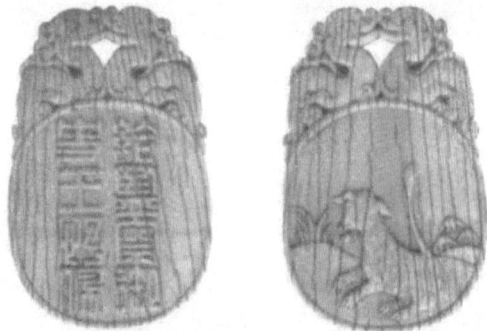

明代监察御史王抒的象牙腰牌（正反面）

太祖仿照古代四时命官之制，置春、夏、秋、冬四辅官，命老儒士王本等人出任此职，专门"协赞政事，均调四时"，官秩正三品。四辅官实行不到两年，明太祖所任辅臣"惇朴无他长"，不足为用，下令废止。在废四辅官之后，又仿宋代制度，设置殿、阁大学士。官秩为正五品，任务是"侍左右，备顾问"，不参予机密决策，一切军国大计仍由明太祖亲自定夺。

废丞相而立四辅官，四辅官罢而置殿阁大学士。官制不断更新，品位却愈为卑下，由正一品降为正三品，再降为正五品，权责亦日为缩小。虽然他们的作用有限，但无疑为明代内阁制的建立提供了原型和模式，可视为内阁的萌芽时期。

明成祖即位之初，根据四辅官和殿阁制的雏形，特别简任翰林院侍读解缙等入文渊阁，称为"入阁办事"，并预机务，谓之"内阁"。内阁之名，以及阁臣参予机务，由此始。当时入阁者，俱为翰林院官，专理诏册和制诰，阁臣的官秩高者不过正六品，低者止从七品，后始渐升为正五品。由此可知，在内阁建立之初，阁臣的品位很低，不能置官属，不能干预诸司。名为参予机务，实则没有决策权，既无决定各部、院的政务，也很难改变皇帝的意见，根本抑制不了皇权的膨胀。自仁宗、宣宗到英亲初年，是明代内阁权力、地位和作用迅速提高的关键时期。仁宗即位，杨荣、杨士奇等原为东宫旧臣，进杨荣为太常寺卿兼华盖殿大学士不久，又晋杨荣、杨士奇为尚书，自加官少师、少傅、少保。从此，入殿阁加者多为尚书、侍郎，多为一、二、三品，未加升而止袭大学士者仍为正五品。随着内阁大学士品位的提高，其地位与权力也相应变化，因职渐崇，权力益重，令人刮目相看。内阁由最初的文学侍从机构变为凌架于部、院之上的中枢政务机关，真正起到参与决策核心机密的作用。

产生于明代的内阁，是中国封建社会晚期官制的又一个重要变化，是明太祖废除丞相制的产物，也是为了适应君主极权政治进一步完善的需要。他助长了封建皇帝的惰性，对社会进步没有什么积极意义。

中国君主极权政治完成

　　明王朝建立之初，各级政权机构多用元代旧制。在中央，设中书省，以总全国之政；设大都督府，以统全国军务；建御史台，以振朝廷法度。在地方，仍以行中书省为最高权力机构。不久，朱元璋从实践中意识到，只有对这种政治体制进行全面改革，才能巩固自己的权力和地位，保证一切权力集中于皇帝一人，并为皇位的稳定性和连续性打下牢固的基础。于是，从洪武九年（1376）开始，对元代及秦汉保存下来的官制进行改革。改革的基本原则是：始终贯彻对上（皇帝）集权，对下（中央和各级机构）分权，并使其犬牙相制，互相抗衡，"权不专于一司"。改革的步骤，是自下而上，先地方后中央，同时上下穿插进行。

　　中国地方建制，从秦朝开始，大体上是实行州、县两级制，至宋代演为路、州（府、军、监）、县三级。总的趋势是不断限制和削弱地方权力，扩大中央集权，加强皇权。元代，对地方政权机构做了一次重大改动，以行中书省为地方最高行政机关，使地方的权力得到空前的提高。行省以下依次为路、府、州、县。明建立前后，沿用这一制度。但经过一段时间的实践，朱元璋认为行中书省的建制，不利于中央对地方的控制，有碍于皇权的集中，威胁着政权的巩固。于是，洪武九年（1376）下令废除行中书省。浙江、江西、福建、北平、广西、四川、山东、广东、河南、陕西、湖广、山西12行省，均改为承宣布政使司（简称布政司）。以布政使司辖一省民政；提刑按察使司理司法；都指挥使司领军务。史称"都、布、按三司"。原来行省的权力，由此一分为三，变为军、政、司法之权分立。三司各有职权，各负其责，互不相统，直接向中央负责，实际是向皇帝一人负责。布政司以下的行政机构，简化为府（或直隶州）、县（或属州）二级，分设知府、知州、知县，均由皇帝任命，实行一长负责制。但都没有决定权，凡遇大事必先报告上级，待允准而后行。

　　在完成地方改制的基础上，朱元璋又将重点转移到中央机构的改革。中

央机构的设置，历代有变化。秦至西汉设三公九卿，以丞相居重权。三国以来，相权进一步分散，演为三省（尚书、门下、内史）并重。自隋至唐，三省六部（吏、户、礼、兵、刑、工）制开始形成，并日趋完善。宋代，相权益为削弱。元代，并三省为一省（中书省），下辖六部，丞相拥有极大的权力。明代建国之初，一依元制。后来朱元璋认为中书省权重和丞相"擅专威福"，是秦汉以后君亡国破的根源所在，只有废中书省，罢丞相制，才能保证皇统万世不易。于是洪武十三年（1380）在杀丞相胡惟庸之后，罢中书省，废丞相制。在中国实行了1000多年的丞相制至此废除，这是中国封建官僚统治体制的一次空前的变革。

废丞相制、罢中书省之后，"折中书之政归六部，以尚书任天下书"，尚书的官秩亦同时晋为二品。六部中，各部分门独立，直接向皇帝负责。此外，朱元璋为便于直接控制军权，又改节制中外诸军事的大都督府，为中、左、右、前、后五军都督府。遇有征战，由皇帝命帅出征。至此，皇权、相权、军权之者之间的尖锐矛盾暂时得到解决。全国军、政诸大权，遂归皇帝一人。

同时，朱元璋进一步扩充监察机构，扩大监察之权，并充分发挥其作用。洪武十五年（1382）置都察院，为中央的重要机构之一，与刑部、大理寺合称为"三法司"。

明代的官制，经过明太祖朱元璋的全面改革，已经和汉、唐有了很大的差别，最突出的一点是"政皆独断"，一切权力集中于皇帝。这次改革，使秦、汉、唐、宋、元以来的专制主义中央集权得到进一步的强化，最终形成权归皇帝一人的君主极权政治。

明宫好道

明代皇帝多爱好方术，宠信道士，此风始自朱元璋。据史记载，朱元璋亲近的道士有周颠、张中、张正常、刘渊然等。周颠有异状异行，能预言，为太祖"告太平"，善辟谷，罩巨缸以薪煅之无恙，常随太祖同行。洪武中，太祖亲撰《周颠仙传》记其事；铁冠子张中善数术，能测祸福，多奇中；张正常为正一道四十二世天师，太祖召入朝，授其正一嗣教真人，赐银印、秩

白云观四御殿。位于北京西城区的白云观，是道教著名宫观。

视二品；刘渊然善雷法，太祖召至，赐号高道，馆朝天宫。明太祖之所以如此崇信正一道，是因为它能在社会政治与伦常生活中起维护作用。但朱元璋并不放纵道教，对道教活动采取严格管理，不使冒滥的方针，其原因有三：一是以僧道太奢，对财政有影响；二是怕白莲教和其他民间宗教信徒混入僧道之中谋反；三是因僧道中多"不循本俗，污教败行"者，有碍国家法律统一。

明成祖永乐帝大体继承了明太祖的爱好与宗教政策，永乐大帝最推崇真武神，醉心于有活神仙之称的武当全真道士张三丰，形成他独具特色的道教信仰。他曾耗费百万金银在武当山修建庞大的道教建筑群，使武当山成为闻名遐迩的道教胜地，又在北京建造宏大的真武庙。明成祖还十分仰慕明初已名气昭著的高道张三丰，永乐五年（1407），成祖遣给事中胡濙偕内侍朱祥带金书香币往访张三丰于武当山，遍历荒徼，10年不获。虽然如此，明成祖对僧道管理也极其严格。

明代诸帝中，奉道最虔诚、为时最久的是明世宗。世宗即位之初尚能励

精图治，冷淡斋醮，中年以后专信道教，希求长生，日事斋醮不理朝政，老而弥笃。世宗最初崇信龙虎山上清宫正一道士邵元节，征其入京，封为真人，岁给禄百石，赐田30顷。世宗所宠另一道士陶仲文，由邵元节推荐入朝，因预言火灾果中而得信任，后因每次祈祷有功，加封少师，兼少傅少保，一人兼领三孤，终明之世，唯有陶仲文一人。陶仲文得宠二十年，位极人臣。此外，世宗还宠信过道士段朝用、龚可佩、蓝道行、胡大顺、端明，朱隆禧等人，这些佞倖以道术方术邀宠，得封官进爵，直接干预朝政，污浊世风，大失道教清虚本色，皆起因于世宗昏迷颠狂，上好下阿，势所必然。明世宗一心迷恋方术斋醮，大权旁落权臣严嵩手中，弄得朝廷内外乌烟瘴气，后严嵩被贬死，徐阶代为首辅，情况才稍有好转。

话说 中华文明

洪武大帝时期

1391 ～ 1400A.D.

明朝

1391A.D.　明洪武二十四年

二月，元辽王降而又变，燕王棣出塞攻之。

八月，以哈密邀杀西域贡使，遣兵破之，俘元王、公及部属三千余。

1393A.D.　明洪武二十六年

九月，以胡惟庸、蓝玉二大狱杀戮过当，诏赦余党。

1397A.D.　明洪武三十年

五月，颁大明律诰。六月，以会试所取皆南人，考官贬杀有差；复亲策诸贡士，取者皆北人。

1398A.D.　明洪武三十一年

闰五月，明太祖死，太孙朱允炆嗣位，是为惠帝。西平侯沐春镇云南七年，大修屯政，辟田三十余万亩，凿铁池河灌宜良田数万亩，民复业者五千余户。

1399A.D.　明惠帝朱允炆建文元年

四月，湘王柏自焚死；齐王榑、代王桂废为庶人，安置漳州。逮燕府官校杀之；燕王称病佯狂。七月，燕王诱杀张昺、谢贵，以诛齐泰、黄子澄为名，起兵反，号"靖难"。

1400A.D.　明建文二年

五月，燕师入德州，燕师攻济南。十月，燕师破沧州；十一月，南略地至东平。

1392A.D.

李成桂改国号为朝鲜，是为朝鲜李朝太祖。日本自南北分立以来，争战频仍，至是南朝势益衰，于是分裂五十七年之局，乃复归于一。

1393A.D.

帖木儿占领巴格达，征服美索不达米亚。土耳其人陷保加利亚京特尔诺伐，保加利亚自此处于土耳其人统治下达五个世纪之久。

1396A.D.

奥托曼土耳其苏丹拜齐德一世与匈牙利王西吉斯蒙德及日耳曼、法兰西、英吉利诸国武士大战于尼科波利斯，两方各约二万人，拜齐德获得决定性胜利。

1398A.D.

帖木儿将兵九万人攻入印度，陷德里，屠居民，大掠五日。

约翰·胡斯于本年起在布拉格大学任教授。

清理佛道二教

明太祖朱元璋为了强化思想控制，加强中央集权，于洪武二十四年(1391)六月，命令礼部清理佛、道二教。

清理内容如下：各府、州、县只能设立一所大寺院庵堂，不许教徒与民众杂居，违者处以重罪；亲戚朋友隐瞒寺外的教徒，处以流放的处罚；允许教民还俗；那些已经成为定本的佛经，不许再改动；老百姓以信奉瑜珈教为借口，互相联络者，或

白云观庙会。每年正月初一至十九日，白云观举行庙会，逛庙会成为在京之人的最大乐事之一。

借张真人的名义私自制造符箓者，都要被处以重罚。七月一日，朱元璋又颁布诏令，摧毁那些新建新增的庵堂寺观。

朱元璋对释、道二教的清理，无疑使释、道二教的发展深受打击。

太子巡视陕西

洪武二十四年（1391）八月，皇太子朱标受朱元璋之命巡视陕西。

太子朱标此次去陕西，主要为了勘探陕西的地形，以期解决朱元璋的定都之事。

朱元璋是在应天登上皇帝宝座的，可是皇朝的都城却尚未正式确定下来，

仍在考虑之中。洪武二年（1369）年，当汴梁被改为北京，陕西平定，北方诸县也相继攻取之后，定都何处之事又再次被列入议事日程。长安险固难攻，洛阳位置适中，而临濠又是朱元璋的故乡，这三个地方都有作为都城的理由。朱元璋在反复斟酌权衡之后，终于下定决心，于十一年（1378）正式确定应天为都城。尽管如此，由于西北的边患，（北）元的侵扰，朱元璋又想起了长安、洛阳地理位置的险固和适中的优越性，于是便命太子朱标巡视陕西，以确定是否要以长安为都城。

太子奉命前行，回来以后献上了陕西的地图。太子献上地图不久，不幸染病，他在病中还屡次提出自己关于建都的建议。洪武二十五年（1392）四月，太子抱病而终，迁都长安之事也随之被搁置下来了。

詹事府建立

洪武二十五年（1392）七月二十日，朱元璋设置詹事府。

詹事府设詹事1人，官职正三品；少詹事2人，官职正四品；府丞2人，官职正六品；主簿1人，官职正七品；录事2人，官职正九品。定春坊的大学士官职为正五品，司经局的洗马为从五品。虽然他们各有自己的职权，但都隶属于詹事府领导。

詹事府原为詹事院。洪武初年，朱元璋命设置大本堂。大本堂为太子、亲王学习的地方，内有古今图书和四方名儒。洪武十五年（1382），更改大本堂左、右春坊的官职，设置庶子、渝德、中允、赞善、司直郎等官位，同时又各设大学士。不久，又设定司经局官位，设置洗马、校书、正字。洪武二十二年（1389），考虑到了各个官员之间缺乏统一领导，于是开始设置詹事院。

颁行《醒贪简要录》

洪武二十五年（1392）八月，朱元璋颁布了《醒贪简要录》。

洪武初年，朱元璋严于吏治，允许百姓赴京告发贪酷的守令。

　　朱元璋明确规定贪污赃款达到银子60两以上者，斩首示众，还要剥皮实草。朱元璋在府、州、县、卫的旁边，设立了土地庙，庙前作为剥人皮的场所，令官吏有所警惕。九年（1376），对那些凡受到了鞭笞以上的100多名有罪官吏，全部谪徙凤阳屯田。十八年（1385）下令，逮捕为害百姓的贪官污吏，赴京筑城。朱元璋曾告谕廷臣：四民之中，士最为贵，农最为劳。今居官者不念吾民之艰，至

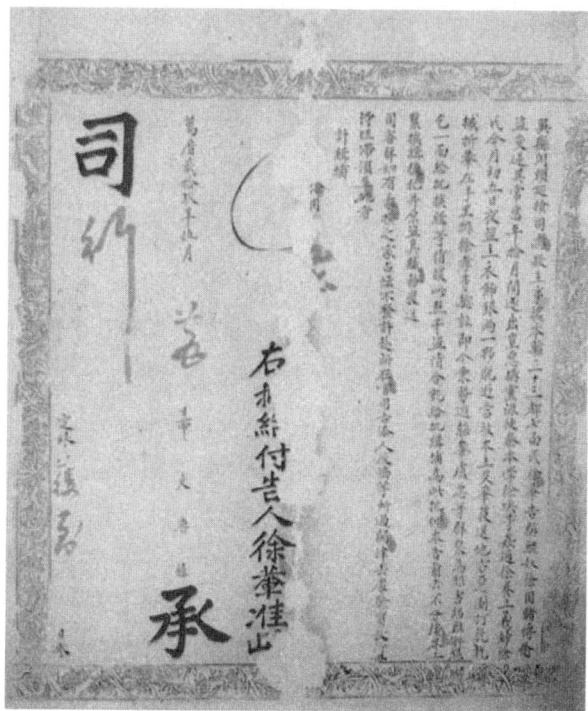

明代缉捕令

有刻剥而虐害之事，无仁心之甚。于是命户部大臣记录文武大小官员每年俸米的数目，以米计算其用谷之数，再计算其田亩出谷之数与其用力多少，编辑成书，赐名《醒贪简要录》。于本月颁布中外，令食禄者知所恤民。

蓝玉案爆发

　　洪武二十六年（1393）二月，凉国公蓝玉因为被告谋反朝廷，被杀。此次案件诛连到15000多人。

　　蓝玉（？～1393），直隶凤阳定远人，常遇春妻弟。蓝玉开始时是常遇春的一名管军镇抚，因为作战勇敢，屡建大功，很快升为大都督府佥事。洪武四年（1371），蓝玉跟从傅友德转战四川，攻克绵州。洪武五年又随徐达北征，

在土剌河大败元军。洪武十一年（1378），蓝玉又率兵讨伐西番，力擒西番军三副使，杀敌数以千计。洪武十二年，蓝玉率兵得胜回朝，因蓝玉战果累累，劳苦功高，朝廷封他为永昌侯。洪武十四年，蓝玉又远征云南，在众多战将中，功劳最大。洪武二十年（1387），蓝玉又跟从冯胜出征纳哈出，大胜而归，当时朝廷念其能征善战，劳苦功高，拜蓝玉为大将军，取代冯胜。又命令他领兵移驻蓟州。洪武二十一年三月，蓝玉率雄师 15 万出塞，从大宁至庆州，与元兵大战于捕鱼儿海，杀元将太尉蛮子等，又追获吴王朵儿只、代王达里麻及平章以下官属 3000 人，以及宝玺符敕金牌银牌诸物、马驼牛羊 15 万余，大胜而归。朱元璋得知，对蓝玉大加奖慰，并封其为凉国公。

由于蓝玉在南征北战中，屡立大功，战果赫赫，加上当时开国大将又多殁没，蓝玉便恃功骄纵，蓄养庄奴，霸占民田，不甘心屈身于宋国公冯胜、颍国公傅友德之下。即使在朝廷大宴上，蓝玉也语出傲慢，目中无人，得罪了不少同僚，且招致了朱元璋的不满。朱元璋曾多次否决他的奏章，蓝玉心中快快不乐。洪武二十六年二月，锦衣卫指挥蒋瓛密告蓝玉谋反，朱元璋立即派人逮捕了蓝玉。最后，朱元璋以蓝玉与曹震、张翼、朱寿、何荣、詹徽、傅友文等人"谋为变，将伺帝出耤田举事"的罪名将蓝玉等一批元勋杀戮。于是，开国元老纷纷蒙难，朱元璋将权力更进一步集中于个人手中。

《寰宇通衢》编成

大明王朝完成了全国统一事业后，地域广大。朱元璋便命翰林儒臣以天下道里之数，编类为书。洪武二十七年（1394）九月编成，赐名《寰宇通衢》。

其方隅之目有八：东至辽东都司（今辽宁辽阳），陆行 3944 里；东北至三万卫（今辽宁开原），364 里；西至四川松潘卫（今四川松潘），陆行为 5560 里；西南至云南金齿卫（今云南保山），陆行为 6444 里；南至广东崖州，水陆兼行为 6655 里；东南至福建漳州，水陆兼行为 3525 里；北至太平大宁卫（今河北长城以北、辽宁西拉木伦河以南地区），水陆兼行 4425 五里；西北至陕西、甘肃为 5050 里，水陆兼行为 6720 里。时天下道里纵 10900 里，横 11750 里。不包括四夷之驿。

胭脂河通漕运

　　洪武二十六年（1393）八月，崇山侯李新奉朱元璋之命，开通溧水胭脂河，意欲以胭脂河连通两浙，挽救濒于困境的两浙漕运。

　　两浙的赋税，每年都是通过漕运至京师南京的。可是，由于两方面的原因，使得两浙的漕运耗资颇巨：一是漕运到丹阳，便转为陆运，此种方法艰难繁琐，所费不少；二是漕运是逆流而上，倘若遇到风涛巨浪，往往劳命伤财，淹死者不少。为解决这一难题，朱元璋命崇山侯李新开通溧水胭脂河。李新奉命而去，勤勉努力，胭脂河终得开通。胭脂河西连长江，东通两浙，的确给两浙的水运带来了颇多的好处，一方面，运输者的生命安全得到了保障，另一方面，商旅运输也比以前便利多了。

航行运河上的运粮船

万虎尝试火箭飞行

14 世纪末，万虎作火箭载人飞行的最初尝试。

明代以前的火箭，作为轻火器，基本上都用弓弩发射。到了明初，发明了以火药为动力的火箭。直接利用火药燃烧向后喷射气体的反作用力进行发射，明代发明的火箭种类繁多，有单级和多级火箭，单级火箭有飞刀箭、飞枪箭等单发和一窝蜂、百虎齐奔箭等多发箭。

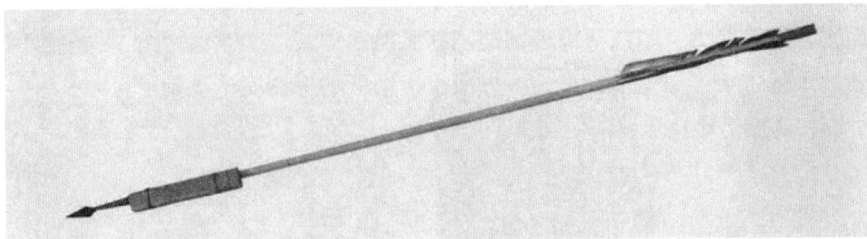

明火箭。在箭杆前端缚火药筒，利用火药反作用力把箭发射出去。这是世界上最早的喷射火器。

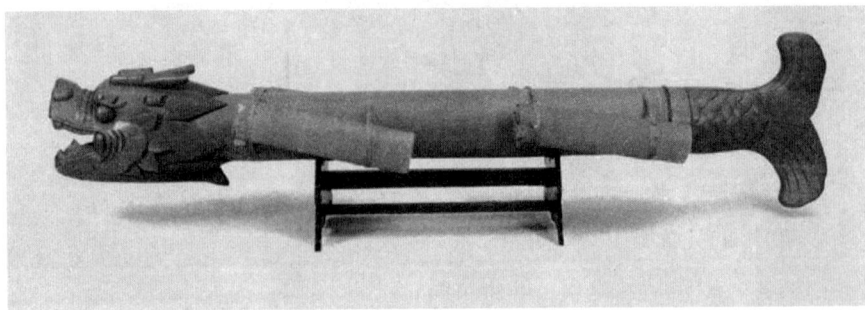

明火龙出水。长 153 厘米，颈部直径 20 厘米，尾宽 32.5 厘米，这是世界上最早的二级箭。用竹筒做成龙形，龙的两侧各扎火药筒，点燃后，将龙身推动飞行，这是第一级。在龙腹中装有火箭，待龙飞入敌阵时，腹中的火箭被点燃，从龙口中发射出去以命中敌方，为第二级。因为从船上发射，故称"火龙出水"。

多级火箭是中国古代的重大发明，有两个或两上以上的推送药筒。如"火龙出水"，它是用毛竹制成的龙形多级火箭，龙腹内装火箭数支，龙头、龙尾各装两火箭筒，头尾四箭同时点燃推动火龙前进，待药力尽失时，龙腹内的箭开始燃烧工作，由龙口飞出继续向前，飞向目标，引燃目标。飞空砂筒则是一种能飞出去又能飞回来的火箭。

在火箭种类繁多、广泛运用的基础上，万虎设想用火箭载人飞行，他在一把坐椅的背后装上47个当时最大的火箭，并把自己捆在椅子前边，两手各拿着一个大风筝，然后令仆人同时把这些火箭点燃，以借助火箭向前推动的力量加上风筝的上升力量飞向天空。这次试验没有成功，但万虎被公认为世界上最早试图利用火箭来飞行的人。万虎尝试火箭飞行，为后人研制飞行器提供了重要的参考资料。

土司儒学逐渐设立

洪武二十八年（1395）六月十日，户部知印张永清上疏言：云南、四川诸处，边夷之地，民皆啰啰，朝廷与以世袭土司，于三纲五常之道，懵然不知，宜设学校，以教其子弟。朱元璋认为言之有理，于是就对礼部臣说："边夷土司，皆世袭其职，鲜知礼义，治之则激，纵之则玩，不预教则难以化。应于云南、四川边夷土司皆设儒学，选其子孙弟侄之俊秀者以教之，使其知君臣父子之义，而无悖礼争斗之道。"此乃安定边界、教化民风之道。于是，土司儒学渐次设立。

颁行《皇明祖训》

洪武二十八年（1395）九月十九日，朱元璋下令颁行《皇明祖训》。

早在洪武二年（1369）四月，朱元璋已令陶凯等编《祖训录》，亲自作序，并命书于右顺门庑，随时修改。后历经二十九年，七易其稿，重加更定，名《皇明祖训》，颁行内外文武诸司。

《皇明祖训》列13目：祖训首章、持守、严祭祀、谨出入、慎国政、礼仪、法律、内令、内官、职制、兵卫、营缮、供用。以法律形式规定对内对外的施政方针。朱元璋在《皇明祖训》序中说：开国之君，备知艰难，而后世守成之主，未谙世故，加上山林初出之士，自矜已长，遂至有奸贼之臣，徇权利，作聪明，上不能察，变乱祖法，致于祸败。

为此，先有《大明律》颁行，民渐知禁。再编《祖训》，立为家法。再令翰林编纂《皇明祖训》，以朕训颁行天下诸司，使天下知其立法垂后之意，永为遵守，后世敢有言改更祖法者，即以奸臣论，杀无赦。

朱元璋赏赐笼络致仕武官

许多功勋卓著的文臣武将，出生入死，立下了汗马功劳。朱元璋为赏赐其幸存者，于洪武二十九年（1396）九月二十日，召见了应诏至京的2500余人。凡壬辰年至甲辰年从军，洪武十一年以前为官的，指挥使赏银100两、钞200锭；指挥同知银九十两、钞180锭；指挥金事银80两，钞160锭；正千户、仪卫正银70两、钞140锭；副千户、卫镇抚、仪卫副银60两，钞120锭；百户、所镇抚银50两、钞100锭。壬辰年至甲辰年从军，洪武十二年以后为官的，指挥金事银七十两，钞140十锭，以下至百户、所镇抚，银递减十两，钞递减20锭。至正二十五年（1365）以后从军、洪武十一年以前为官的，赏同。乙巳以后从军，洪武十二年以后为官的，指挥使银80两、钞160锭；以下至百户、所镇抚，银递减十两，钞递减20锭。朱元璋还告谕道："元末兵急，中原鼎沸，人不自保。你们奋起从朕，效谋宣力，共平祸乱，勤劳备至。天下既定，论功行赏，使你们居官任事，子孙世袭，永享富贵"。朱元璋在大兴胡蓝之狱后，为防致仕武官反侧，遂采取这一笼络措施。

诸寺设立

明太祖为加强对马政、祭祀、宴劳、朝会等事的管理，于洪武三十年（1397）分别设立行太仆寺、太常寺、光禄寺、鸿胪寺等。

明骑马队俑

朱元璋考虑到西北边卫畜马业很发达，而防务却不甚密，于洪武三十年（1397）正月十四日下令在山西、北平、陕西、甘肃、辽东设置行太仆寺，以管理马政。行太仆寺设少卿及丞，择致仕指挥、千户、百户充任。

正月二十六日改太常司为太常寺，官制仍旧。太常负责祭祀礼乐之事，总其官属，籍其政令，以听于礼部。凡天神、地祇、人鬼、岁祭有常。

同日，将原光禄司改成光禄寺。官制仍旧。光禄寺卿负责祭享、宴劳、酒礼、膳馐之事，率少卿，夺丞属官，辨名数，会出入，量丰约，以听于礼部。

鸿胪寺也是朱元璋于该日改仪礼司而立。升秩正四品，设官62员：卿一员（正四品），少

明掐丝珐琅梅瓶

卿2员（从五品），丞2员（从六品），主薄1员（从八品）；属官司宾署丞1员（正九品）、司仪署丞1员（正九品），鸣赞四员（从九品）、序班50员（从九品）。鸿胪负责朝会、宾客、吉凶仪礼之事。

诸寺的设立，强化了对礼仪、祭祀等方面的管理和控制，也进一步完善了明朝的官制。

刘三吾科举案发作

洪武三十年（1397）春，南宫试士，申考官是翰林院学士刘三吾及吉府纪善白信蹈等人。中试进士宋琮等51人皆为南方人，北方诸生无一人录取。落第诸生纷纷告状，诉说刘三吾是南方人，有意拔擢其乡人。太祖怒其取之太偏，命侍读张信及陈䢑等12人复阅试卷奏报。当时又有人说：张信、陈䢑等人根据三吾的嘱咐，故意将低劣的试卷呈报陛下。朱元璋更加恼怒，将白信蹈、张信、陈䢑等诛杀；因三吾年老，与宋琮一同戍边。六月一日，朱元璋命翰林儒臣从落第卷中择文理优长61人，重新廷试，亲自阅卷。韩克忠等61人，克忠名第一，皆北方之士及陕西、四川之人，无一南人，时称"春、夏榜"，又称"南、北榜"。

三吾名如孙，长沙茶陵（今属湖南）人。曾预定礼制及三场取士法，负责修定《环宇通志》、《礼制集要》等书。建文时被召回。

朱元璋去世

洪武三十一年（1398）闰五月十日，朱元璋去世。

朱元璋（1328～1398），即明太祖，明朝开国皇帝。幼名重八，又名兴国，字国瑞，濠州钟离（今安徽凤阳东）人。少时贫寒，曾作雇工和僧人。元至正十二年（1352）参加郭子兴部红巾军。以其精明和处事果敢受到郭子兴的信任和重用。担任过九夫长和总管。郭子兴死后，任右副元帅。龙凤二年（1356）攻下集庆（今江苏南京），改为应天府，称吴国公。又以应天府为据点，四

处出击，不断收复地盘，招聘儒士，罗致左右人才，建立官职。并采纳朱升"高筑墙，广积粮，缓称王"的建议，巩固和扩大实力，先后消灭陈友谅、张士诚等群雄。吴元年（1367）秋，朱元璋实施南征北伐的战略，进展顺利。洪武元年（1368）正月，朱元璋在军事战争的节节胜利声中，即皇帝位，国号明，建元洪武，定都南京。同年八月，徐达等率师攻克大都，推翻元朝统治。其后平定两广，略定秦晋，平夏平滇，出兵东北，完成了祖国的统一。为了巩固统治，建立健全各种政治设施，恢复和发展社会经济，还制定酷刑，严惩贪官污吏。后罢中书省及丞相，皇帝总揽大权，使封建中央集权更加集中和强化。朱元璋以猛治国，尤其是锦衣卫和廷杖的建立和实施，使许多功勋卓著的文臣武将，惨遭杀害，导致贤佞不分，遗害无穷。尽管如此，朱元璋仍可称为封建社会里有作为的帝王和政治家。元璋在位三十一年，死时七十一岁，同月十六日葬于孝陵，谥号高皇帝，庙号太祖。同日，皇太孙朱允炆即位，成为明王朝第二代皇帝。

明孝陵成

　　明教陵是明朝开国皇帝朱元璋的陵墓，座落在南京东郊紫金山南麓独龙阜玩珠峰下，洪武十四年（1381）开始营建，洪武十六年建成，朱元璋死后葬于此，称孝陵。

明孝陵石雕

明孝陵石像生

明朝建国后，提倡儒学"厚葬以明孝"、"事死如生"的封建伦理思想，尊崇礼治，重视传统。朱元璋开国不久，就派官员走访和审视了历代帝王陵墓规划布局，继承发展历代的帝陵制度，并作大胆的变革和创新，朱元璋亲自裁定了整个陵区的规划和单体建筑的形式。于1381年下令破土动工，经三年而成。

明孝陵由前后两部分组成，前为神道部分，后为陵园主体部分，神道部分全长1800米，自下马坊起至享殿门前的御河桥止，依据地形，曲折迁回，布置巧妙，在神道的前端增建了平面为方形、体形高大的神功圣德碑楼，以高大和端庄严谨的造型，给人以崇高庄重的感受，楼北愈桥神道转折，平冈广阔，石象生对峙道旁，有狮、獬豸、骆驼、

明孝陵

象、麒麟、飞马等6种12对1立1跪，逶迤1里多，这些石像生列于神道两侧，既渲染了陵墓的神秘崇圣，增加了陵墓建筑的空间层次，又是区别陵墓等级的标志。

陵园的主体部分，采用严格对称的纵轴形制。同前半部分依山势迁回之法正相反。前后共分为3进院落，孝陵的前院，正门原名"文武方门"，院内两侧是供祭祀时使用的神厨和神库，前院和中院有享门相通，中院后部中央建有面阔9间、进深5间的恩殿。殿前两侧有东西廊庑，布局严谨，形若宫殿，是举行祭祀活动的地方。后院为方城明楼及宝顶。恩殿和方城明楼相结合，构成了陵墓建筑的主体如同宫殿和庙宇中的前朝后寝，突出了陵体的主体部分，并取代宋陵方形陵台和土城，提高了陵墓建筑的艺术性。

洪武大帝时期

明孝陵神道旁的石像生

　　明孝陵的规划布局和陵墓建筑，既承袭了历代帝陵的传统，又做了大胆的变革和创新。如陵墓由方形改为圆形，称宝顶；取消寝宫、扩大祭殿规模，陵园围墙由方形改为纵深3进院落形制，创以方城明楼为主体，祭殿为先导的宫殿式陵园形体；石象生群种类和数量的调整等。这些与历代不同的重大革新，成为十三陵的蓝本，导引出帝陵建筑的高潮，也促进了建筑业的重大突破和发展。

《大明律》、《明大诰》成

　　洪武三十年（1397）五月，《大明律》定型，颁示天下，罢除即位以来禁例榜文。

　　早在明代建国以前，朱元璋便于吴元年（1367）十一月命中书省以唐宋律令为基础，详定律令。明王朝建立后，便在吴元年律令的基础上着手制定

通告全国的大明律。朱元璋充分肯定了唐律，并于洪武元年（1368）"命儒臣 4 人，同刑官讲唐律，日进二十条"，以此为制订大明律做准备。

同年冬，朱元璋即命刑部尚书刘惟谦、翰林学士宋濂详定大明律，并于第二年二月完成颁行天下。总计 606 条，分 30 卷。洪武九年（1376），朱元璋又命丞相胡惟庸、御史大夫汪海洋等"详议厘正十有三条"。洪武二十二年（1389）刑部提出"条例比年增减不一"，判案受影响。于是命翰林院同刑部官员更定大明律，"取比年所增者，以类附入。"因为洪武十三年（1380）中书省、宰相已取消而分权于六部，故以名例律冠于篇首，按六部官制，分吏、户、礼、兵、刑、工六律，共 30 卷、460 条，由此改变了隋唐以来沿袭 800 年的封建法典 12 章的结构。

明正德十六年刻本《大明律》

本年，朱元璋选纂《钦定律诰》147 条，作为大明律中有关死罪的处刑条款的补充，并附于明律之后，总名《大明律》。

《大明律》在吸取了唐律基本精神的基础上融进了明初 30 年的统治经验。其条例简于唐律，精神则严于宋律，而且无论形式或内容都有所发展。作为国家成法，《大明律》不许擅自改动，朱元璋还下令"子孙守之，群臣有稍议更改，即坐以变乱祖制之罪"，故《大明律》"历代相承，无敢轻改"。

《御制大诰》、《御制大诰续编》、《御制大诰三编》和《大诰武臣》则是太祖朱元璋自洪武十八年至二十年间，亲自采辑"官民过犯"的案例，历时两年零一个月相继编成。总计 236 个条目，其中《初编》74 条，《续编》87 条，《三编》43 条，《武臣》32 条。编制《明大诰》目的是"警省奸顽"，它突出反映了朱元璋重典治国与重典治吏的思想。《明大诰》列大量族诛、凌迟、枭首的案例，和墨面文身、挑筋去指、挑筋去膝盖、断手、斩趾、刖足、枷令、枷项游历、阉割为奴等种种酷刑，表明朱元璋通过制定《明大诰》公开肯定

法外用刑的事实，从而显示了明代专制主义的强化以及专制主义与法制的冲突，也充分暴露出封建刑法的残酷性和野蛮性。

《明大诰》是重刑的产物，它的处刑原则与量刑标准，直接与《大明律》的规定抵触，如同一犯罪，按大明律仅处笞杖刑，而大诰往往加重至死刑。

建文帝即位后，鉴于太祖重典治国，法外用刑，有害于"情法适中"，因而在即位诏中宣布："今后官民有犯五刑者，法司一依《大明律》科断，无深文。"在事实上宣布废除《大诰》四编，虽成祖又曾部分恢复大诰，最终至仁、宣两朝，《大诰》四律、《律诰》中的36条，统统宣布废止不用。只有礼乐刑政综合为治，才能实现国家的安定，这已由明初的历史得到证明。

建文帝议削藩

早在朱允炆为皇太孙时，就对诸皇叔手中的权力深感忧虑，曾与伴读老师黄子澄定削夺诸王权力之计于东角门。即位之后，即付诸实践，起用齐泰为兵部尚书，黄子澄为太常寺卿兼翰林学士，一同谋划削藩之策。齐泰认为既然削藩，必先从燕王下手，因为燕王居诸强藩之首，一旦剪除其势力，其余诸藩王自然无力抗衡朝廷。而子澄则认为，燕王久居北平，拥有重兵，轻易废除，颇有风险，不如先从周王㮵下手。理由是周王在洪武时就多行不法，削之有名；加上周王是燕王的同母弟，废黜周王，也是剪除燕王羽翼之举，可收一箭双雕之效。最后，朱允炆采纳了黄子澄的建议。洪武三十一年（1398）七月，恰遇周王㮵次子有爋告木肃图谋不轨，于是，八月，朱允炆密令曹国公李景隆以备边为名北上，兵临开封时，突袭周王府，将朱㮵执逮至京师，并谪遣到云南

黄子澄像

蒙化。接着征齐王至京师软禁，又幽代王桂于大同；诏逮湘王柏，柏因恐惧而自杀；废岷王楩，徙彰州。又于建文元年（1399）二月，诏令诸王不得节制文武吏士。削藩政策实施的较为顺利。然而，当朱允炆经过一番准备，着手削夺燕王权力时，建文元年（1399）七月，朱棣"靖难"师起，展开了宗室内部的皇位争夺战。

海塘工程引起重视

明代农田水利工程建设，海塘工程的修筑颇有成效。

江浙海塘工程是汉代为防御潮水保护农田而修建的，后唐、宋都继有修筑。江浙地区是明代重要经济区，而且江湖浦港交错，地势很低，一旦水利失修便会造成严重灾害。因而明政府对海塘工程很重视，投入的人力和物力之多，以及技术上的进步都超过前代。明代把各局部海塘连成一线，建成为北起常熟、南至杭州，全长800多里的防潮工程，分江苏海塘和浙江海塘两部分。海宁、海盐、松江、宝山、太仓、常熟等地为海塘工程的修筑重点。到明末，浙江海塘的海盐、平湖段已基本上由土塘改为石塘，塘也不同于宋代的斜直方式，而采用了阶梯形。用石料纵横叠砌，里面是平整的立壁。海宁地段为粉砂土质，而且有强潮侵袭冲击，塘基的处理和塘坎的保护很棘手，由于没解决在浮土上修建石塘的技术问题，除部分塘段为石塘外，大半塘段到明末仍沿用石囤木桩修筑法。

在长期对海塘工程的修筑中，积累了丰富的经验，出现了一些探讨海塘问题的专著，如明代的《筑塘说》，总结了有关海塘修筑的取材、土埔、叠砌、程式、验土、层叠、打桩、坡陀等一系列技术。

罗贯中作《三国志通俗演义》

元末明初小说家罗贯中以史实和传说相结合的形式创作而成《三国志通俗演义》，这是中国历史演义类章回小说的开山之作，简称《三国演义》。

罗贯中（约 1330～1400），山西太原人，一说钱塘（今杭州）或庐陵（今江西吉安）人。名本，字贯中，号湖海散人。《三国演义》代表其创作的最高成就。《三国演义》共 120 回，约 75 万字，描写了东汉灵帝建宁二年（169）至西晋武帝太康元年（280）110余年的历史故事，尤其集中于魏、蜀、吴三国的斗争。该书写定于元末明初，但此前经过长期演变。魏晋时期流传三国人物的奇闻逸事；到了元代至治年间

《三国英雄志传》刻本

（1321～1323）出现一部《三国志平话》。另外，在宋、金、元三代，三国故事被搬上舞台，元杂剧"三国戏"剧目有近 60 种。这些传说、话本和戏曲构成了《三国演义》的坚实基础。

《三国演义》是文学创作，不是历史纪录。作品把刘蜀集团作为全书的中心，以其与曹魏集团矛盾斗争作为情节发展的主线，表彰了刘备"上报国家、下安黎庶"的政治思想，对曹操的极端利己主义和残酷暴虐、狡诈专横的恶劣德行则予以揭露和鞭挞。这种继承下来的"拥刘反曹"倾向寄托了处于民族压迫之下的汉人对汉族政权的依恋，表现出封建社会中人民拥护"明君"，反对"暴君"的思想感情，具有鲜明的进步色彩。曹刘斗争最后以蜀亡为结局，三国分裂而又统一于曹，这是历史事实。《三国演义》作为历史小说自然没有违背这个框架。但这部小说的价值并不在于照实纪录历史进程和结局，而在于揭示了历史运动的内在必然性和人物无法逃避的命运和归宿。从这一角度来说，《三国演义》是一出震撼人心的悲剧。

《三国演义》为人们提供了一幅色彩斑斓的历史人物群像。其中诸葛亮的形象最为突出，在中国人民心中诸葛亮是智慧的代名词，这在很大程度上是小说浓墨重彩加以渲染的结果。他因刘备"三顾茅庐"而出山，为蜀汉制定联吴抗曹战略，他深谋远虑，运筹帷幄，随机应变，在内政、外交、军事上都尤显神通，同时他忠贞不二，为报答刘备的知遇之恩，鞠躬尽瘁，死而

后已，堪称中国古代"良相"的楷模。关羽、张飞也是家喻户晓的艺术形象，小说对他们与刘备名为君臣、情同骨肉、生死不渝的义气，备加赞赏。此外对大义凛然的赵云及忠于蜀汉集团的庞统、黄忠、王平、廖化、姜维等英雄，也做了热情赞扬，同时对曹魏、孙吴集团的文臣武将也予以充分描写和不同程度的肯定。

《三国演义》取得了卓越的艺术成就。它涉及大小数以百计的战争，千变万化，各具特色，展现了战争的复杂性和多样性，在描写战争过程中，善于抓住重点，突出人物，融军事斗争、政治、外交斗争于一体，写出战争胜负原因和各

三国故事绘画《三顾草庐图》

方将帅的性格、气度和智谋。作者在尊重史实的前提下，表露出鲜明的爱憎倾向，当蜀汉处于不可逆转的劣势时，他就突出其大败中的小胜和挫折中显示的美德，脍炙人口的"赵云单骑救主"、"张飞大闹长板坡"和诸葛亮的"空城计"都是生动的例证。《三国演义》的结构也独具特色，它把前后100年左右的历史变迁，和在这一历史时期中的几百个人物有机地组织在一起，做到布局严谨、脉络清晰、主次分明、曲折变化，对于一部毫无借鉴的早期

长篇小说，这实在是不可低估的杰出成就。《三国演义》用半文半白的语言写成，雅俗共赏，有口皆碑，除了具体运用时的精炼、准确、生动、形象外，这种语言还营造了特殊的历史氛围，与题材和人物身份都相吻合。

《三国演义》对后世的影响极大，它结束了长篇小说创作只是说话艺人底本的时代，它成功地再现历史，为同类小

三国故事绘画《关羽擒将图》

说的创作开辟了一条广阔的道路。从明代开始，就出现了许多历史演义，如余邵鱼的《列国志传》，谢诏的《东汉通俗演义》、褚人获的《隋唐演义》等，可见《三国演义》在中国文学史上和人民生活中都有着举足轻重的深远影响。

设立翰林院

明朝翰林院于明初设立，开始只具备皇帝咨询顾问的智囊团性质，与前代的文人学士馆相似。但朱元璋设翰林院除备顾问外，还提高其政治职能，且随着经筵日讲的宫廷教育制度的建立和完备，翰林院学士的职掌范围日益扩大，到成祖朱棣时，内阁制度形成，翰林院终成国家储才重地。并建有一套特殊的教育制度，以培养能担任国家重任的高级官僚。

入翰林院者是每次会试进士通过殿试之后，录取20人，除个别授编修一类官职外，均统称庶吉士。庶吉士一般在翰林院学习3年，并从事修史、著作、图书校勘等部分文字工作。庶吉士明初设置时，分设于六科，练习办事，后专属翰林院。政府负担他们衣、食、住、行的一切开销，因而他们的学习无后顾之忧。且国家最大的藏书机构文渊阁也供翰林院教学之用，庶吉士的学习条件很好。其教学内容主要是道德政治学和诗文记诵之学。他们跟从学士

学习，也可据各自兴趣和专业特长，自学自修。翰林院颇具浓厚的学习气氛，且学习与研究紧密结合。

庶吉士不仅接受教育，也从事教育研究和经筵日讲的教育实践。如东宫讲学；随时备问于皇帝；参与撰写经筵日讲讲章；讨论古今治国方略及时务等。此外，他们还担负科举考试出题判卷、考会试、考两京乡试、考武举、考保举诸科等。庶吉士3年学习期满后，通过考试，成绩优等者，原为二甲进士的授编修，原为三甲进士的授检讨，留任翰林院正式职官；成绩次等者，改任各部主事或知县。但因有翰林院资历，日后均有希望入内阁。

翰林院教育，除了庶吉士外，还由地方选举神童到翰林院进行特殊培养，学成可直接量才授官，亦可参加科举考试。神童教育曾造就了一批人才。

自英宗天顺二年（1458）以后，"非进士不入翰林，非翰林不入内阁"。南北礼部尚书、侍郎及吏部右侍郎等非翰林不可。明一代宰辅70余人，十之八九出身翰林，翰林之盛，非前代可比。但自正统以后，翰林院教育日渐走向空洞无用，与实政实学颇少联系。

燕王起兵靖难

建文元年（1399）七月，燕王朱棣抵制建文帝削藩政策，自称"奉天靖难"，声讨齐泰、黄子澄，以清君侧。

早在建文帝削藩之初，燕王朱棣即深感恐惧，在僧道衍的策划下密谋举兵。他们暗中选拔将校，勾置兵卒，招纳材勇异能之士，日夜操练演习，铸造兵器。建文元年（1399）正月，朱棣派遣长史葛诚入朝奏事。建文帝朱允炆召见葛诚密问燕府诸事，葛诚如实相告。允炆遂让葛诚为内应。三月，北平按察司金事汤宗向朝廷告发新任按察使陈瑛和右布政使曹昱、副使张璿等人接受燕府贿金一事，建立帝立即下诏将陈瑛逮至京师，不久被谪官广西。六月间，燕王护卫百户倪谅上变，告发燕府官校于谅、周铎等人参预密谋反判，结果于谅、周铎被逮赴京师处死，建文帝并下诏责斥燕王图谋不轨。朱棣见情势十分危急，佯狂称疾。被建文帝派往北平监视燕王动静的左布政使张昺、都指挥使谢贵到王府察探虚实，竟信以为真。葛诚则暗地警告张昺、谢贵说：

燕王根本无病，千万不可轻信。同时密告建文帝实情。此时，正赶上燕王护卫百户邓庸入朝奏事，经过一番威逼审讯，邓庸供出了燕王将举兵的实情。于是，建文帝密令张昺、谢贵谋取燕王，葛诚与护卫指挥卢振约为内应。张昺、谢贵奉朝廷密令调集卫卒入城，积极加强防务，同时飞章奏报请旨。建文帝得报后，火速派内使持诏书赴北平，令逮捕燕王官属。七月六日，北平都指挥使张信奔入燕府告密，把朝廷密敕和盘告诉朱棣。朱棣大吃一惊。当时北平满城都是谢贵所帅军士，而朱棣王府护卫的精锐兵卒早被调到开平。朱棣感到寡不敌众，忙与僧道衍、张玉、朱能商讨对策。朱能说：只须先擒杀统兵将领张昺、谢贵二人，其余敌众再多，也无能为力。道衍献计：如今朝廷既遣内使逮捕王府官属，我们不妨将计就计，把王府官属开具名单交付内使，让他诏张谢二人入府逮人。待其来到燕王府第，只消一人之力，便可擒杀。朱棣依计而行，御坐东殿，潜伏壮士伺机而发。张昺、谢贵被骗至王府，燕王赐宴行酒。突然厉声喝骂，以瓜掷地，霎时，伏兵应声四起，张昺、谢贵方知中计，束手就擒。是日入夜，整个北平陷入刀光剑影之中。朱棣命张玉、朱能等率兵乘夜冲杀出王府，经过一夜激烈交战，至次日黎明时分，北平守军四处溃走，九座城门尽数攻克。七月七日，朱棣聚集将士隆重誓师。他宣誓：我太祖高皇帝、孝慈高皇后嫡子、国家至亲，受封以来，惟知循法守分。今幼主嗣位，信任奸臣，横起大祸、屠戮我家。我父皇母后创业艰难，封建诸子，藩屏天下，传绪无穷。一旦残灭，皇天后土，实所共鉴。《祖训》云："朝无正臣，内有奸恶，必训兵讨之，以清君侧之恶"。今欲奉行天讨，以安社稷。就在誓师的当儿，天色聚变，黑云压城，狂风急雨自天而降，众将士惊恐万状，然而僧道衍却以燕房屋上的檐瓦掀落于地，预示着大王将易黄瓦覆殿称帝的巧妙阐释，稳住了军心，保证了誓师起兵的成功。

　　朱棣为了寻求师出有名，不违祖训，同时上书以讨伐齐泰、黄子澄，清君侧之恶，扶国家之既坏为名，堂而皇之地称自己的举动是"奉天靖难"。从此揭开了朱明王朝历史上长达4年的"靖难"战争的序幕。实际上是封建皇族内争夺帝位的武装斗争。

103

明官服体系集汉官官仪大成

　　明代文武官员的冠服有朝服、祭服、公服和常服等。

　　朝服：洪武二十六年定，公冠八梁、加笼中貂蝉，立笔，前后玉蝉；侯七梁冠，笼中貂蝉，立笔，前后金蝉；佰同侯，前后玳瑁蝉，都插以雉尾；附马同候、但不插雉尾，衣用赤罗衣，白纱中单，青饰领缘，赤罗裳，青缘，赤罗蔽膝，革带佩绶，白袜黑履。明代官员一品至九品，以冠上梁数为差，一品七梁冠，二品六梁冠；三品五梁冠；四品四梁冠，五品三梁冠；六品、七品二梁冠；八品、九品一梁冠。凡大祀、交战、

万历皇帝织金孔雀羽八团龙妆花纱织成袍料（升团龙部分）

正旦、冬至、圣节及颁诏开读、进表、传制时，官员服用朝服。

　　祭服：洪武二十六年定一品至九品官员祭服为：青罗衣，白纱中单、俱宅领缘。赤罗囊、皂缘、赤罗蔽膝。方心曲领。冠带、佩绶同朝服，文武官员分献陪祀用祭服。

　　公服：明代文武官员公服则穿袍，据招洪武二十六年定制，衣用盘领右衽袍，袖宽3尺，材料用纻丝，或者纱罗绢，一品至四品，绯袍；五品至七品青袍；八品九品绿袍；未入流杂职官的袍、笏、带与八品以下同，袍的花纹以花径大小分别品级，如一品用大独科花，经五寸；以次递减其花径大小，

八品以下无纹，首戴幞头，漆纱为之，旁二等展角各长1尺2寸，腰带一品用花或素的玉；二品犀；三品四品金荔枝；五品以下用乌角，鞓用青革，仍垂挞尾于下，着皂靴。凡每日早晚朝奏事、侍班、谢恩、见辞时服之，后改定朔望朝时用之，其余常朝时则用便服，公、侯、驸马、伯的服饰等与一品同。

常服：明朝官员常朝视事（即在本馆署内处理公务），则穿常服，洪武三年定制，官员凡常朝视事用乌纱帽，团领衫束带，一品用玉带，二品花犀；三品金钑花；四品素金；五品银钑花；六品、七品素银；八品、九品乌角，公侯佰，附马与一品同。洪武二十四年（1391）定制，常服用补子分别品级高贵：公、侯、佰、附马用绣麒麟、白泽。文官一

历代帝王像

品用仙鹤，二品用锦鸡、三品用孔雀、四品用云雁、五品用白鹇、六品用鹭鸶，七品用𪄠𪆻、八品用黄鹂、九品用鹌鹑，杂职用练鹊、风宪官（即法官）用獬豸；武官一品、二品用狮子，三品、四品用虎豹、五品用熊罴、六品、七品用彪、八品用犀牛、九品用海马。由于勋爵官日常用官服，所以明代人说："国朝服色以补为别"（谢肇淛《五杂俎》卷12），可见用补子花样以示等第，是明代官服的重要特点之一。

　　明代对于文武官员服饰的样式与尺寸，衣料、帽顶、绣样、色彩，乃至鞋履都有严格的制度规定，总之，明代文武官员的服饰是完全受制度与规章的严格约束的，而其服饰文化的理论又构筑于中国传统的礼教的框架之上，明王明统治者恰是通过各种官员不同服饰，既显示官序中的高下，更由此进而使封建制度更加合法化，在被统治者心目中，更具有神秘感和威慑效应。

1401～1410A.D.

明朝

1401A.D. 明建文三年

正月，燕王还北平；二月，复出兵南下；十二月，燕王复南下。

1402A.D. 明建文四年（洪武三十五年）正月，燕师前锋至徐州。六月，燕师渡江。十六日，李景隆开门纳燕师，宫中火起，惠帝不知所终。十七日，燕王即皇帝位，是为明成祖文皇帝。杀齐泰、黄子澄、方孝孺，皆夷其族，其坐孺死者八百余人。

1403A.D. 明成祖文皇帝朱棣永乐元年

正月，以北平为北京。是岁，命宦官出镇方面。

1404A.D. 明永乐二年 三月，始选新进士为翰林院庶吉士。

1405A.D. 明永乐三年

四月，或言惠帝亡在海外者，六月，遣宦官郑和使西洋诸国以访之，且借以示威异域。

十月，驸马都尉梅殷忠于惠帝，使人挤之堕水死，又杀挤殷之人。

1406A.D. 明永乐四年

七月，大发兵击安南黎苍。闰七月，诏以明年五月建北京宫殿，遣人采木于四川、湖广、江西、浙江、山西等处。

十月，大军入安南。《普济方》编成。

1407A.D. 明永乐五年

五月，安南黎季犛父子兵败被俘，送京师。六月，以安南地为交阯布政使司，置都指挥使、布政使等官及卫所。

修永乐大典成，凡二万二千九百三十七卷。

1408A.D. 明永乐六年

九月，郑和再奉使下西洋。十二月，大军与安南简定兵战于生厥江，败绩。

1409A.D. 明永乐七年

二月，成祖北行，太子留京师监国。成祖迎宗喀巴入京传法，黄教渐兴。

1410A.D. 明永乐八年

二月，成祖亲督师北行，五月，败本雅失里于斡难河上，本雅失里西走，阿鲁台东奔。

1402A.D.

帖木儿率军西征，与苏丹拜齐德一世大战开安哥拉，后者全军覆没，本人亦被俘。

燕军攻入京师·建文帝下落不明

　　建文三年（1401）二月十六日，朱棣率燕师南下。二十日，燕军抵达保定。三月一日，燕军在滹沱河沿岸扎营，同时派游骑为疑兵前往定州、真定，迷惑平安、吴杰，以集中力量对付盛庸。二十二日午时，燕军抵达夹河，向盛庸的军队展开了进攻。这一天，两军旗鼓相当，损失各半，不分胜负。二十三日，两军再战，因天气陡变，东北风大作，南军退保德州，燕师乘胜追击，大获全胜。朱棣取得夹河战场胜利后，乘胜击溃吴杰、平安的军队，并连连掠取顺德（今河北邢台）、广平（今河北永年）、大名（今河北大名）等地。燕军经过的诸郡县皆闻风降燕。闰三月二十四日，建文帝以夹河之败为借口罢免齐泰、黄子澄的官职，企图通过此举向燕军妥协，希望燕军自此班师回朝。可是，不但没有阻止朱棣南下，反而使朱棣的"诛奸除恶"的借口，合法化。建文帝罢官缓兵之计被燕王识破。四月，建文帝采纳方孝孺的建议，命令大理寺左少卿薛岩持着诏令北上拜见燕王，朱棣看完赦免自己的罪罚、请求自己罢兵的诏令，却公然拒绝朝廷的要求。五月，燕军向大名运送粮饷，盛庸等率兵出师断绝燕军的运粮道路。燕王派遣使者南下京师，指责朝廷言而无信。建文帝听从方孝孺的建议，斩了燕使武胜，朱棣自然怒不可遏。六月，朱棣遣都指挥李远率骑兵六千南至济宁、谷亭、沙河、沛县一带，焚毁了德州的运粮船只，军资器械也化为灰烟，漕运兵士散走殆尽，朝廷一片哗然。六月二十五日，燕军李远设置埋伏，大败袁宇。七月十日，南军战将平安从真定乘虚攻向北平。居守北平的燕王世子朱高炽一边督众固守，一边派人告急。平安之师未能攻克北平，退守真定。七月十五日，正在大名的朱棣听说大同守将房昭居易州（今河北易县）水西寨，窥视北平，便迅速班师北进援助保定。八月二日，燕师攻克保定。十月二日，燕军围攻水西寨，房昭、韦谅弃寨而逃。二十四日，朱棣率领军队凯旋而归，回到北平。建文四年（1402），燕军和南军又在淝河、小河、灵壁、直沽、扬州等地多次展开战争，建文朝

廷更加每况愈下，一些本来就处于踌躇观望之中的武臣，干脆归降了燕王朱棣，燕王的大军攻克扬州后，又相继攻陷高邮、通州、泰州、仪真等地，并在高资港北岸驻军，与京师一江之隔，建文朝廷危在旦夕。五月二十日，建文帝无奈颁布"罪己诏"，征兵勤王，同时还命令出外募兵的齐泰、黄子澄，共谋对付意欲渡江的燕军。五月二十二日，建文帝采纳方孝孺缓兵之计，派遣庆成郡主渡江议和，朱棣断然回拒。六月，燕军向瓜州渡江。十三日，朱棣率大队抵达南京城下，京师自此陷落。宦官开城门迎接，宫中火起，建文帝朱允炆不知所终，成为千古之谜。

燕王大捕大杀建文遗臣

建文四年（1402）六月，朱棣攻陷京师，清宫三日，以极刑处治齐泰、黄子澄、方孝孺等一大批忠于建文朝廷的文臣武将。兵部尚书齐泰和太常寺卿黄子澄，都是洪武进士，共参朝政，因曾建议削藩而被杀灭族。齐泰常骑白马，为了避免被人认出，就将马用墨涂黑。马走了稍远路程后出汗，墨迹遂脱，有认出他马的人说："这是齐尚书的马"，因此，齐泰被捕。文学博士方孝孺是宋濂的弟子，朱棣入南京，慕其文名，令草诏书。文孝孺严词拒绝，且揭露朱棣篡位。朱棣以诛九族相威胁，孝孺不屈，后执笔书"燕贼篡位"4字。朱棣大怒，用利刃切孝孺嘴左右至耳，杀于狱中。并灭十族（方的九族以及方的

南京报恩寺塔构件。建于明永乐年间。

学生），死者达 873 人。割兵部尚书铁铉耳鼻，令其自食，且置油锅中杀死；灭户部侍郎卓敬三族；令礼部尚书陈迪食子鼻舌，且族诛 180 余人；刑部尚书韦暴昭，先去其齿，次断其手足，最后断颈致死；御史大夫练子宁不屈，族诛 151 人，谪戍数百人。次月，御史大夫景清，为报仇绯衣怀刃入，事泄，被磔于市，夷九族，尽掘其先人冢墓，又到其乡，转相攀染，称之"瓜蔓抄"，村里为墟，后又有邹谨之案，诛戮甚惨。其妻女或送教场司，或送兵营奸宿，极其残忍。燕王以此在朝中清除异己势力，消除了隐患，从而彻底结束了建文王朝统治的历史，为自己登基和稳定国家打下了坚实基础，但也因此而杀戮了一批正直之士，对士风破坏很大。

朱棣即帝位·创内阁制

明建文四年（1402）六月十七日，燕王朱棣即皇帝位，是为明成祖文皇帝。1402 年六月，燕军进入京城，第二天，被建文帝朱允炆削废的诸王便率文武群臣向朱棣上表劝进，朱棣不允，诸王与群臣便一连劝进数日。六月十七日，在编修杨荣的提示下，朱棣首先拜谒了明太祖朱元璋的陵寝，尔后，诸王和文武百官备好法驾，奉上宝玺，迎立于道，高呼万岁。到这时，朱棣才升辇入宫，在奉天殿接受了以兵部尚书茹瑺为首的群臣朝贺，正式即皇帝位，改元永乐。

七月一日，朱棣在南郊大祀天地后，回到奉天殿，诏令当年六月以后，仍以洪武三十五年为纪，次年（1403）为永乐元年。建文中所改易的祖宗成法都要革除，一切恢复旧制。七月三日，又诏

明成祖朱棣

令将建文时更定的官制改回洪武旧制。九月四日及第二年（1403）五月，朱棣两次大封靖难功臣。建文四年（1402）十一月十三日，朱棣册立妃徐氏为皇后。明成祖在恢复诸王爵禄后暗中开始"削藩"，将边塞诸王迁回内地，减少诸王的护卫，同时收回诸王对将帅、卫所军的节制指挥权；重申不许诸王擅役军民吏士的禁令，不许过问地方事务；对犯有过失的诸王，先以书诫谕，继而示以惩罚，最后或废为庶人或加以惩治。这一策略较建文帝更隐蔽，步骤实施也更从容，收到了削藩效果又不致酿成祸乱。

永乐元年（1403）年将北平改为北京，设北京行部诸衙门，将大宁都司徙至保定。

朱棣登基后，还决定起用一批资浅而干练的文臣参预机务。建文四年（1402）八月一日，朱棣选命侍读解缙、编修黄淮入直文渊阁，同预朝廷机密重务。九月，又命侍读胡广、修撰杨荣、编修杨士奇、检讨金幼孜和胡俨同直文渊阁参预机务，与解、黄二人一起朝夕侍从左右，做皇帝顾问，称之为内阁。他们分掌文案，综理制诰，内阁制度随之创立，不过，这时的阁臣品秩远在六部尚书之下。秩为五品，而且不设官属，不辖诸司事务，经洪熙、宣德两朝，内阁制度才趋完备。

《文华宝鉴》成书

永乐二年（1404），《文华宝鉴》成书。

成祖朱棣曾命侍臣将古代的嘉言善行可作为法鉴的，编辑成书。本年四月十四日书成，取名为《文华宝鉴》。成祖训戒太子说：修己治人之要，都在此书中，读此书，可以明帝王之道。成祖对讲臣解缙等说，《文华宝鉴》较《储君昭鉴录》稍加扩充，增加了皇考圣谟大训，可以作为子孙帝王万世之法，如能守此法，便可以做一位贤君。《文华宝鉴》书中所记载的古人嘉言善行，对帝王统治起到一面镜子的作用，对帝王统治之所以兴之所以败记载讲解都很详备。这本书是成祖用来教授太子如何做贤君、如何治理天下的"教科书"，对于为人君者的品德修炼大有裨益，对其事业大有帮助。

平定安南

安南黎季犛弑主自立，后传位于子黎苍（胡奁）。永乐元年（1403）胡奁遣师到京师朝贡，诈称陈氏绝嗣，自署"权理安南国事"。闰十一月十五日，礼部郎中夏止善等奉诏往安南，赐封胡为安南国王。永乐二年（1404）年八月，安帝国王烜之孙䄂子，陈日之弟陈天平从老挝到京师，明成祖才知黎季犛、黎苍父子夺位真相，便遣使者前去诏责。黎苍派使臣入朝谢罪，表示愿迎陈天平归国，奉之为主。永乐四年（1406）三月，黄中、吕毅、薛嵓等护送陈天平将至芹站（今凉山鸡陵关南），遇到胡奁袭杀，陈天平被杀，薛嵓等遇害。成祖大怒，遂决意兴师讨伐。七月，成祖以朱能为征夷将军总兵官，沐晟、张辅为左右副将军，下辖25将军，分路进兵，先后纳降三江路、宣江、洮江等州县。朱能在龙州卒于军中，张辅代领众人，并檄胡奁父子20罪。沐晟从云南而来，与其会师安南，号称八十万，合攻许多邦城，后黎季犛穷途末路，焚烧宫室，逃到海上，1407年五月，张辅等生擒了黎季犛及其子澄，又获胡奁（黎苍）及太子、将相、王侯、柱国、都督、柳升。于九月俘送黎季犛及其子黎苍等到京。安南被平定。明在安南设置交趾都、布、按三司，分17府，47州，157县，17卫，3所，1市舶司，设官分管。永乐六年（1408）八月，安南陈氏故官简定起兵反抗明的统治，至永乐八年（1410）五月，明又一次彻底平定了反叛，安南地区渐趋安定。

任命宦官出镇军队

永乐元年（1403）朱棣选遣宦官出镇军队。

洪武之初，朱元璋置宦不及百人。迨至末年，定为十二监及各司局。同时，规定宦官不得兼外臣文武衔，不得御外臣冠服，干预政事都处斩。建文帝即位后也严格控制宦官，规定宦官如出外不法，地方官有权逮捕惩治。朱棣即位后，对建文朝廷中泄漏虚实的内臣大行封赏。本年，朱棣选派有谋有略的宦官随顾成、韩观、何福等出镇贵州、广西、宁夏诸边，并赐给他们公爵服，位列诸将之上。不久，朱棣建置京军三大营，命令宦官提督监管京营军。实际上开了明代宦官专权的祸端。永乐三年（1405）年六月，朱棣派宦官山寿等骑兵出云州，会同武城侯王聪等观虏，直接典兵。朱棣赋予宦官的权力，远远超过太祖对宦官的禁令。宦官成了巡视内地、边塞的"钦差大臣"，出镇典兵的朝廷耳目。

建立奴儿干卫

　　永乐二年（1404）二月，忽刺温等处女真路人头目把刺答哈来朝，成祖于是设置奴儿干卫，以把刺答哈等4人为指挥同知，古驴等为千户所镇抚，赐诰印、冠带、袭衣及钞币等。以此说明黑龙江下游地区归入明朝版图。之后，成祖又在斡难河、黑龙江流域的南北地区，以及松花江、乌苏里江、格林河、恒滚河等流域先后设置了130个卫所，进一步加强了对该地区的统治。永乐七年（1409）闰四月，朱棣应奴儿干卫官员的请求，正式设立奴儿干都司。九年春，正式开设奴儿干都司，成为直属朝廷及军政合一的地方最高行政机构。在驿站沿线出现的一批集镇约10余座小城，构成了奴儿干的政治、商业中心。奴儿干卫的设立，使海西女真、建州女真、野人女真诸酋长都归附明朝，完成了明对东北地区的统一。

明掐丝珐琅玉壶春瓶

郑和七下西洋

　　明成祖朱棣即位后，为了控制海内，耀威异域，抚剿逃亡海外之臣民，获取海外珍宝异货，从永乐三年（1405）六月起遣郑和多次下西洋。郑和（1371～1435），本姓马，小字三保，回族，云南昆明（今并入晋宁）人。朱元璋平云南后，郑和投靠朱棣，明初入宫做宦官，靖难立战功，赐姓郑名和。永乐三年（1405）六月十五日，郑和与副使王景弘奉命第一次出使西洋。其船队总共27800多人。分乘大船62艘，小船200余艘。船队满载丝绸瓷器等物由苏州刘家河（今江苏刘家港）渡海到福建，又从福州五虎门扬帆启航。船队先抵占城，再南航至爪哇。永乐五年（1407）在旧港擒获海盗陈祖义。船队继续西行，经过苏门答腊，南淳里、锡兰（今斯里兰卡），到达左里（今

郑和下西洋路线图

113

印度科泽科德）。郑和在此地立碑，以作纪念。这支庞大的船队在此返航，于九月回到国内。

永乐五年（1407）冬，郑和奉命第二次出使西洋，船队经占城、暹罗、爪哇、锡兰，直达印度半岛西岸的阿枝（今印度柯钦）、左里。并立碑纪念，永乐七年（1409）夏回国。

郑和后来又于1409~1411年，1413~1415年，1417~1419年，1421~1422年，1431~1433年5次出使西洋，总计二十八年间七下"西洋"。其中，永乐十九年（1421）正月三十日，郑和奉命第六次下西洋。此次下西洋，郑和主要是护送忽鲁漠斯、阿丹、祖法儿等来贡的16国使臣归国。

郑和率船队首先来到占城，随后他派一只船队送暹罗使臣回国，自己则率大舵宝船南航，经马六甲海峡，送满剌加、阿鲁、苏门答剌使臣回国，然后抵达榜葛剌（今孟加拉）、再向南绕过印度半岛至古里、祖法儿。又由祖法儿南航，访问剌撒及非洲和木骨都束、卜剌哇，随即转舵回航，于永乐二十年（1422）八月回国。

郑和这次出使西洋，趁护送16国使臣回国之际，对途经国家进行了友好访问，并开展各种贸易活动。郑和船队的一支分宗在太监周某的率领下，到达阿丹国，对其国王及大小头目开读诏敕，并进行贸易，采购有许多中原难见的奇珍异品。其中有大块的猫眼石、大颗的珍珠、高2尺的珊瑚树以及金珀等。郑和船队到达位于阿拉伯半岛东南沿岸的祖法儿时，首次对其国王开读诏书。在祖法儿国王的帮助下，郑和船队同当地人民进行了广泛的贸易活动，增进了相互间的了解。

明宣德五年（1430）六月九日，郑和奉命第七次下西洋。当时安南事件已结束，且宣宗认为自登基以来，诸番久未朝贡，故他特命郑和重下西洋。闰十二月六日，郑和率载有27550人的61艘大型宝船，从南京出发，两日后驶至刘家港，并在此刻石立碑，记述历次出使情况。十二月九日，船队出海，先后访问了占城、爪哇、旧港、满剌加、苏门答剌等国。郑和派一支船队直航非洲东岸，访问木骨都束、不剌哇、竹步；同时派另一支船队直航古里，访问祖法儿、剌撒、阿丹。他本人率大舵宝船经锡兰、古里，直航忽鲁漠斯。

此次西航，船队曾到麦加访问，以麝香、磁器等物换回各种珍贵异兽，并画了天堂图。宣德八年（1433）六月二十一日，船队驶返刘家港。而郑和

则于二月病逝于归国途中的古里国（今印度西南海岸科泽科德一带）。

郑和的船队除载货物商品外，还有粮食、淡水等生活必需品，船上有通书、行人、管带及医生、书算，也有技术人员。在远航过程中，他们随时记录航向、所经港湾及暗礁、浅滩的分布，绘制了《郑和航海图》。另外其随行人员马欢著有《瀛涯胜览》，费信著《星槎胜览》、巩珍著有《西洋番图志》等记述航海见闻，史料价值颇高。郑和的船队到达东南亚及印度，非洲30多个国家和地区。郑和经南海马六甲海峡、印度洋、波斯湾，最远到非洲东海岸红海海口及麦加。郑和所到之处，即以丝绸、瓷器、铜铁、金银等换取乳香、珍宝及奇禽异兽等。郑和不仅是贸易代表，还是外交使节，他的出使还加强了与所访国家的联系和友好往来。仅永乐二十一年（1423），就有来访使臣1200余人。郑和下西洋丰富了人们对世界的认识。他立的《通番事迹记》、《天妃灵应之记》碑，也成为航海史上的重要文物。

郑和下西洋使用牵星术

明永乐至宣德年间（1403 ~ 1435）郑和所率船队成功地使用牵星术这一天文导航技术，完成了七下西洋的航海壮举。

牵星术是通过观测北极星的高度，确定船舶所在地理纬度的方法。牵星板为一套12块正方形乌木板组成。最小的边长2厘米，以上每块边长递增2厘米。另有1块四角缺刻的象牙方块。每边长度分别为0.25、0.5、1和1.5厘米。左手执木板一端的中心，上边缘是北极星，下边缘为水平线，据此可测出北极星距水平的高度。不同的高度用相应的木板，和象牙块的缺刻调整使用。

郑和7次率领船队下西洋，促进了我国航海天文学的发展。跟随船队出航过的巩珍在他

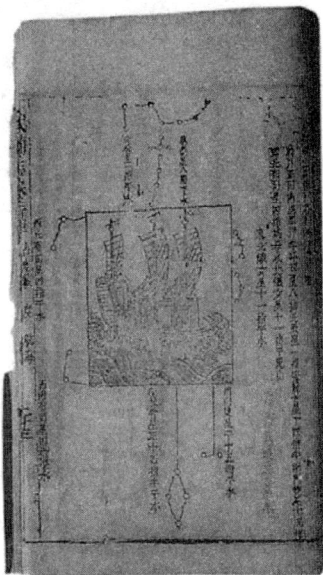

郑和下西洋所用的航海牵星图

1957 年在南京龙江船厂出土的宝船用的长 11 米的大舵杆

所著的《西洋番图志》中记录了这一航海活动的宏大声势和借助星象导航的情况。《自宝船厂开船从龙门关出水直抵外国诸番国》，即后人简称的《郑和航海图》（载明末茅元仪编《武备志》第 240 卷）和《顺风相送》（见《两种海道针经》）载有有关航海天文知识资料。据此可以知道，明代成功使用牵星术这一先进的天文导航技术航海的详细情形。在观测中，他们使用了规范的测角仪器。所留的 4 幅《过洋牵星图》显示了其在两条航线上使用这一导航技术的事实，其一是在苏门答腊和锡兰（斯里兰卡）之间横渡孟加拉湾，另一条是在锡兰和伊朗阿巴斯港附近横渡阿拉伯海，具有珍贵的史料价值。

郑和下西洋的宝船模型

明代航海活动中，用北极高度变化掌握南北位置，也据北极高度保持东西方向沿纬线航行，用四方星参照定位，在近陆地与有岛屿的地方用罗经、航速并参照天体定位与航行，从而保证每次航行的成功。

明代航海使用牵星术，标志着航海水平和技术的提高。

《郑和航海图》印行

　　15 世纪中叶，《郑和航海图》印行，它是世界上现存最早的航海图，比荷兰瓦赫纳尔的两卷航海图集（1584、1585）要早 100 多年。

　　《郑和航海图》原名为《自宝船从龙江关出水直抵外国诸番图》，后登载于明天启元年（1621）茅元仪著《武备志》240 卷中，它是郑和 7 次下"西洋"的产物。自永乐三年（1405）开始的 28 年间，明杰出航海家郑和（1371 ～ 1436）先后 7 次远航，促进了中外政治、经济和科学文化的交流，对世界文明的进步作出了重要贡献，也使中国的航海技术得到很大发展，极大地丰富了中国有关海洋地理、海洋气象等方面的知识。《郑和航海图》是一册图集，共 24 页，包括《过洋牵星图》2 本。航海图以中国南京为起点一直到非洲东海

郑和第五次下西洋时在泉州吴山伊斯兰圣墓行香祈求航海平安而刻立的石碑

岸的肯尼亚，详细记载了航道位置及方位、航程远近、停泊地点及暗礁浅滩分布等，是一张完整的亚洲和非洲之间的航海图。图上共收地名 500 多个，包括外域地名 300 多个，是现存 15 世纪内容最丰富的一部航海图，也是中国地图学史上最早的一部航海图。图中记述了郑和在宣德五年（1430）最后一次远航的主要航线。自左至右保持连贯。航线上注有航向、方位、航程、距离、表示了所经海区的主要港口、河口、岛屿、浅滩，以及沿岸陆地上的山形，可作为航海目标的桥梁宝塔、旗杆等。《过洋牵星图》是用星辰测向定位的

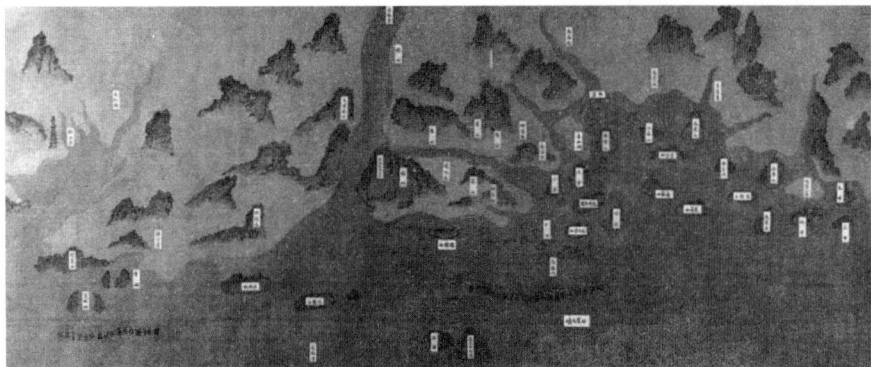

郑和第七次下西洋时所用航海图

专用图，相当于现在的天文导航图。

《郑和航海图》内容比较丰富，地理名称详细，在地图制图史上具有重要地位，为研究中国古代航海史提供了宝贵资料，也为研究古代中西方交通提供了珍贵资料。

《永乐大典》修成

永乐五年（1407）十一月，《永乐大典》修成，明成祖朱棣亲自为此书写序。

永乐元年（1403）七月，明成祖命翰林侍读学士解缙等，参照《韵府群玉》、《回溪史韵》二书的例子，采集各书所载事物，按类编排，而统之以韵。解缙等奉命而行，于次年十一月编成进呈，朱棣赐名《文献大成》。不久，朱棣认为所书事物多有遗漏，又命姚广孝、刘季篪与解缙一起重新编辑，又特别命令

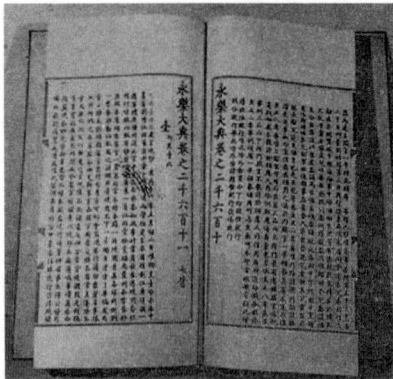

《永乐大典》内页

王景、王达等5人为总裁，邹辑、梁潜、曾棨等20人为副总裁，陈济等为都总裁，征调中外官及四方老宿文学之士为纂修，选善书的国子监及郡县生员

《永乐大典》

为缮写，由光禄寺供饮食，共9169人，开馆于文渊阁。同时，又派官员分行天下，搜求遗书，以备收录。历时五春秋，于本月修成，改名《永乐大典》，全书共22937卷，11095册。

它是中国历史上规模最大的一部类书，也是迄今世界所公认的一部大型百科全书。

《永乐大典》整个装帧别具一格。全书采用上等白宣纸，印有朱丝栏，每半页8行，大字占一行，小字钞成双行，每行28个字。端正的楷书，黝黑的墨色，微微发古香。并采用白描手法描绘名物器什和山川地形，精丽工致，形态逼真，栩栩如生，实属古代书籍插图中的佳品。所征引之书名、圈点以及版心均用朱笔，极为醒目。每册书高营造尺1尺5寸6分，宽9寸3分。

书面硬裱，用粗黄布连脑包过，庄重朴实。

《永乐大典》书内的内容，采取按韵和分类相结合的所谓"用韵以统字，用字以系事"的方法编纂。所按韵目依照《洪武正韵》为准，在每韵下分列单字，每一个单字下面详细注明该单字音韵、训释和它的篆、楷、草各种书体，然后再将和这一单字有关的天文、地理、人事、名物、诗文、词典等各项记载分类汇集。

《永乐大典》成书后钞录了一部贮藏于南京文渊阁的东阁。成祖朱棣迁都北京后，《永乐大典》被运到北京文渊阁贮藏。《永乐大典》初无副本，因嘉靖三十六年（1557），故宫文渊阁附近的奉天、华盖、谨身三殿起火，《永乐大典》虽得及时抢救而逃此一劫，但明世宗朱厚熜为了避免不测事情发生，方决定重录一部。遂任命礼部侍郎高拱、左春坊左渝德兼侍读瞿景淳为总校官，负责组织重录工作，并招收了儒生程道南等109人，增设服务设施和人员，配备警卫人员，制定严格规章制度，于嘉靖四十一年（1562）秋开始重录工作，隆庆元年（1567）完成。所录副本与永乐正本的格式装帧完全一致，并将副本贮藏于皇史宬。

以往类书均偏重于收辑儒家经典、史传文集，而《永乐大典》所收典籍极为广泛，共8000多种，上自先秦，下至明初的经史子集百家之言以及天文、地理、阴阳医卜、僧道技艺等。并将此8000多种典籍分门别类整段整篇抄入，不改一字，使许多古代的文献得以保存流传。

《永乐大典》成书后，终明一代为帝王御用之物。明亡清后，清初自全祖望就开始从《永乐大典》中辑佚。清高宗乾隆年间，开始修《四库全书》时，从《永乐大典》中辑出385种典籍，共4946卷，其中有二十四史之一的薛居正《旧五代史》、重要史籍《建炎以来系年要录》、陈振孙《直斋书录题解》、医学名著《苏沈良方》以及《续资治通鉴长编》和《水经注》等名著。还辑有宋元诗人文集如宋夏竦《文庄集》36卷、刘攽《彭城集》40卷、宋痒《宋元宪集》40卷；元人陆文圭《墙东类稿》20卷，后徐松又从《永乐大典》中辑出《宋会要》500卷、《宋中兴礼书》、《续中兴礼书》150卷。今人编辑的宋、金、元诗词不少采自大典中。《永乐大典》所征书籍，均据文渊阁所藏宋、金、元精本摹写，足堪与现存通行本校勘。清代就曾依此大典勘校群书。现今已从大典中辑出佚书590种，附录44种，其中120种无传本。

《永乐大典》正本到明末就下落不明。副本于康熙年间被发现，就已残缺。到乾隆三十七年（1722）缺1000多册，合2422卷。光绪元年（1875）时已不到5000册至二十年（1894）竟不足400册。此后日益缺失，后经多方收集，散藏于世界各地的仍有约800余卷。

《火龙神器阵法》著成

明永乐十年（1412），平苗大将军爵东宁伯焦玉著成《火龙神器阵法》。明代在继承宋元时代形成的燃烧性、爆炸性和抛射性三大类的基础上，重点发展爆炸性和抛射性火器，火器产量很大，焦玉在此基础上著成这部明代关于火药、火器技术的专著。

《火龙神器阵法》记录了明代军事技术的发展情况。书中详细记述了火药配制、火器种类、性能与使用方法。如关于火药的配制，与以前相比，火炮的火药成份减少，由14种减为4种，由复杂到简单，配制更趋合理，提高了速燃性，增大了威力。书中还指出配制火药时应注意药性的特点和作战需要，以备熟悉药性的作用，得火攻之妙。该书记载了40多种新式火器的文图，这些大多是当时世所罕见的先进火器，对这些火器使用的一般原则、阵法，书中做了系统总结，反映出火器大量装备军队后的军事思想发展特点。

《火龙神器阵法》是现存成书较早的一部专论火器制造技术的独立兵书，在军事技术史上具有重要的地位。

《救荒本草》成

明初，朱橚著《救荒本草》。

朱橚，明太祖朱元璋的第5个儿子，自幼好学。洪武十一年（1379）受封为周王，十四年（1382）就藩开封。朱橚收集河南野生食用植物进行栽培。绘制根、茎、叶、花、果实等部分，并叙述其产地、形态、性味以及食法，著成《救荒本草》，于永乐四年（1406）初刊于开封。

《救荒本草》原书2卷，共收录记载植物414种，其中已见于历代本草者138种，属新增加的276种。计草部245种、木部8种、米谷部20种、果部23种、菜部46种。

《救荒本草》具有通俗性、实用性和科学性三个特点：第一，此书是为食不果腹的饥民写的保命救生之书，所以力求通俗易懂，作者为此下了很大功夫。一是为难字注音；二是运用形象比喻；三是描述植物特征时，普遍采用对比法来比较植物种类间根、茎、叶、花、果实、形状、颜色、大小；四是图文并茂。

第二，实用性：书中有138种植物出自历

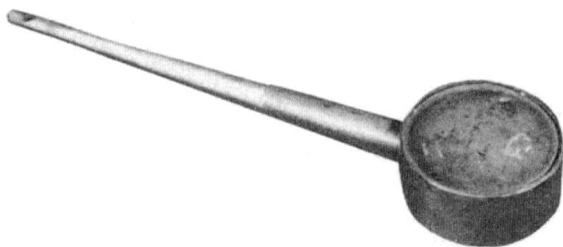
明代吹药器。用此器具将药散喷到喉部，设计十分巧妙。

药浴图

代本草书，为传统的中药，在此书中则以救荒植物的面貌出现。新增植物276种，除大部分为山野的野生植物外，还有不少是观赏的花卉、果木树和经济作物。作者经过广泛调查，把民间利用野生植物救饥的方法和经验记载下来，供人们参考。本书所记叙归纳的有下列几种：一是采摘后无需加工，可以直接食用的，除各类果树外，野生植物有二三十种。这是救荒最简便的食法。二是腌制和干藏。除了解决临时果腹的问题外，还需为今后数月的生存积攒

鲜艾草。艾为多年生草本植物，可用作灸法的材料，也可煎服或制成丸散等剂型。

活命之粮，这就需要腌制和干藏野生植物。三是加水蒸煮、浸淘、漂洗换水，浸去异味后才食用。这是此书着重记述的基本救饥法。对无怪味、无毒的荠菜、百合、山药等采来洗净、蒸和煮熟即可食用。对一些有苦、涩、辣、酸或其他异味的野生植物，则要将苗叶、果实、根、茎洗净炸熟、水浸、淘洗换水浸去怪味后食用。有的植物虽经以上处理，仍有一些有毒成份未全部除尽，所以书中提醒人们食用时必须谨慎。四是制粉，有的植物根、果实、种子、树皮须加工制成淀粉后再食用。五是对一些含毒成份较多的植物，上述水蒸煮、浸淘、漂洗方法已不敷应用，则提出了加土同煮、同浸泡的去毒法。

　　第三，具有很高的科学性，表现为对植物特性的描述相当细致和准确。首言植物的名称，次说原产地及当时的分布地，再言生态环境、生长习性、各器官特性，终言可食部分寒热之性、甘苦之味、淘浸烹煮熬煎晒调和之法；又辅以形象的插图，使人不难按图索骥觅得食物。植物的根、茎、叶、花、果实是植物分类的重要依据，而又以花和果实更为关键。《救荒本草》就很重视对花器官的描述，不仅谈及花形、花色，而且记述了花瓣的枚数、果实

123

和种子的颜色、大小和形状。二是植物学术语丰富。如对植物生长习性的描述有"就地丛生"（铁扫帚）、"就地科叉生"（荞麦）、"拖蔓而生"（牛皮消）、"附树拖蔓而生"（金银花）、"就地拖秧而生"（牛儿苗）等术语。关于结实器官已有"穗"和"小叉穗"（小穗）的术语。三、对生态环境的调查研究，比历代本草更为详尽。并从大量调查研究中发现了不同植物种类间在分布上有着巨大的差异。因为要采集救荒植物，就应了解它们的生长环境，其描述有"生水中"、"生于池泽"等，当为水生环境；"生于田边"、"水边下湿地"等，应属湿生环境；"生荒野中"、"生山野中"、"生山谷中"、"生田野"、"生道旁"等，无疑当是陆生环境。《救荒本草》还多处论述了地理环境条件对植物产品数量和品质的影响，如说天门冬"其生高地，根短、味甜、气香者上。其生水侧下地者，叶细似蕴而微黄，根长而味多苦、气臭者下。"

　　《救荒本草》首次记载用吸附分离法去毒，它对植物性状特征的研究，虽是在本草基础上发展起来的，但由于它以救荒植物为对象，描述比本草更为深入细致和具有系统性，是一部重要的野生食用植物专书。《救荒本草》很早就流传到国外，在日本先后有刊刻和手抄本多种传世。德国植物学家布列特什耐德（E.Bret Schneider）在1851年研究了此书，并对其中的176种植物做了鉴定。

1411 ~ 1420A.D.

明朝

1411A.D.　明永乐九年

发山东、徐州、应天、镇江民三十万浚会通河，以通南漕，二百日成，于是渐罢海运。五月，倭掠浙江盘石卫。六月，郑和自西洋回，俘锡兰王亚烈苦奈儿以献，后放之还。

1412A.D.　明永乐十年

七月，禁宦官干预有司政事。十一月，复命郑和使西洋。十二月，以营北京宫殿，命官入蜀采木。寻访张三丰不得，大修武当宫观。

1413A.D.　明永乐十一年

四月，成祖至北京，皇太子于南京监国。

1414A.D.　明永乐十二年

三月，成祖亲督马步五十余万攻瓦剌。六月，成祖大败瓦剌于忽兰忽失温，追至图拉河，班师。命胡广等修五经、四书、性理大全。

1415A.D.　明永乐十三年　七月，郑和自西洋还，俘苏门答剌王弟以献。

1417A.D.　明永乐十五年

四月，颁五经、四书、性理大全于两京六部、国子监及各府州县学。

1419A.D.　明永乐十七年

七月，郑和使西洋还，凡历十九国，皆先后遣使来献。黄教创始人宗喀巴死。

1420A.D.　明永乐十八年

二月，山东蒲台县民林三妻唐赛儿自称佛母，据益都卸石棚寨起事，旋败。

七月，以唐赛儿败走，不知所之，虑其潜踪尼庵道院，诏尽逮山东、北京尼及各地出家妇女，先后凡几万人。

八月，置东厂于北京东安门北。九月，定自明年正月起，改京师为南京；北京为京师，去行在之称。

1415A.D.

约翰·胡斯赴君士坦斯出席宗教会议，企图为自己之主张辩护，但卒被判处焚死（七月六日）。胡斯死后全国人民皆极愤怒。

1417A.D. 基督教世界之"大分裂时期"告终。

1420A.D.

波希米亚胡斯党起义。全国一致团结于约翰·齐斯卡之领导下，共同抵抗教皇马丁五世所召集之"十字军"。

朱棣北征·大破鞑靼

永乐七年(1409)六月十日,百户李咬住及伯兰奏报:给事中郭骥奉命出使,被本雅失里诛杀。本雅失里、阿鲁台准备再侵扰边境。朱棣大怒,遂命将士严守边境。二十六日诏谕甘肃总兵官何福,令其整饬兵马以待,且告知将遣将征剿本雅失里。七月三日,朱棣命淇国公丘福为征虏大将军总兵官,率精骑10万,北讨本雅失里。丘福因轻敌冒进,惨败于胪朐河,全军覆没。朱棣得报震怒,以诸将无一能任,决计亲征。十月一日,朱棣召集诸将商议北征之策。永乐八年(1401)二月一日,朱棣命令皇长孙瞻基留守北京,户部尚书夏原吉辅导,兼掌行在部院之事。五日,诏告天下准备北征,十日北征之师从北京出发。由翰林学士胡广、侍讲杨荣、金幼孜随从护驾。总领50万众,浩浩荡荡,出德胜门,向北进发。三月二日,在兴和(今河北张北)集师,大阅誓师。五月一日,成祖历经万里萧条到达胪朐河。兴之所至,将此河赐名饮马河,又将河上地命名为平漠镇。三日,北征军遇虏骑而进击,得箭1枚、

捷胜冈刻石

擒胡山刻石

马4匹而还。十七日，成祖得知虏寇距此不远，于是命令大军渡饮马河。本雅失里逃遁。成祖亲追本雅失里于斡难河上。本雅失里大败，仅以7骑西走，后为瓦剌人所杀。朱棣所率明军追击不及而还。二十日，朱棣又下令分兵追杀阿鲁台。本雅失里西走时，阿鲁台东奔，因占地利之便，时战时退，明军无奈。朱棣派人前去召降，阿鲁台犹豫不决，双方相持不决。成祖经阔滦海子（今内蒙呼伦湖）时，在静虏镇击阿鲁台，向北又追击百余里，直到回曲津，又在此大败阿鲁台。但因天气过于炎热，士兵又饥又渴，对北方水土、气候不易适应，战斗难以持久，朱棣遂下令在六月班师回朝。七月，朱棣率北征的明军经开平到达北京。十月，明军又从北京南还。十一月，明军回到京师。永乐八年（1411）十二月，鞑靼太师阿鲁台派遣使节向明朝进贡名马。随后，明成祖朱棣又分别于十一年（1413）十二月，十二年二月，二十年三月，二十一年（1423）七月，以及二十二年正月，亲自率军5次北征，或击瓦剌，或击鞑靼；或大胜，或小胜，或出师无功，直到最后死于班师途中。

诏建北京宫殿

永乐四年（1406）闰七月五日，洪国公丘福等文武大臣请建北京宫殿，以备巡幸。朱棣下诏从永乐五年（1407）五月开始建筑北京宫殿。同时派遣工部尚书宋礼往四川、吏部右侍郎师逵往湖广、户部左侍部古朴往江西、右副都御史刘观往浙江、右佥都御史仲成往山西督理军民采木。每人每月给5斗米，锭3钞。命泰宁侯陈珪、北京行部侍郎张思恭督理军民匠造砖瓦，每人每月给5斗米。又命工部征天下色匠，在京诸卫及河南、山东、山西等各卫选军士，河南、山东、陕西、山西等布政司、直隶、凤阳、徐州、和州选民丁，于永乐五年（1407）五月一起赴北京听从安排，半年更代一次，每人每月给米5斗。凡征发军民之处，所有差役及闸办银课等项，全部停止。永乐六年（1408）六月三日，朱棣诏谕北京文武诸司群臣，北京军民备历艰难，平定以来辛苦未苏，但营建北京国之大计，不得不重劳百姓。从今以后北京诸郡不急之务，及诸买办，全部停止。

《普济方》编成

　　明初朱橚和滕硕、刘醇等于永乐四年（1406）撰成《普济方》。

　　明代是医方集大成时期，在汇集医方的基础上，出现对方剂组成、功效、用法等研究性方书，较前代有所深入。

　　明初朱橚组织滕硕、刘醇等广泛收集明初以前各种医籍和其他传记、杂说、道藏、佛书中的方剂，加以编辑，于本年撰成《普济方》168卷。刊行后，原刻本散佚。《四库全书》所收者改为426卷，计1960论，2176类，778法，收方61739首，239图，共700多万字。全书大致分总论、身形、诸

明代药刷，用于刷扫药散。

疾、诸疮肿、妇人、婴孩和针灸七大部分。其中有方脉、药性等，共100余门。收录治疗各类疾病的方法，包括丸、散、膏、丹、酒、露、汤剂，以及按摩、气功等等，对中医临床有很高的参考价值。书中辑录大量宋元医方，从而保存了许多珍贵的古代医药资料，为研究古代医药学的一部重要文献。

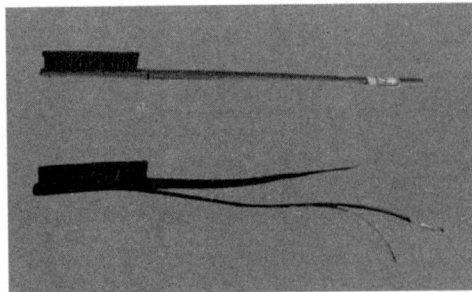

《普济方》搜罗广大，篇幅宏伟，堪称集 15 世纪以前方书之大成，我国古代方书之最。它是现存最大的一部医方专书，在我国方剂学史上有相当重要的地位。

造船业兴衰

明代造船业分官营和私营两种。明代前期，官营造船业空前鼎盛，并为郑和下西洋这一人类航海史上的壮举打下了基础。郑和下西洋所用宝船最大的长 44 丈，宽 18 丈，规制远超前代。

官营造船是主要分布在海运交通口岸。对外贸易基地以及海防驻军卫所，著名的

沙船模型

造船基地有江苏的龙江、太仓、清江、仪征，山东的临清、登州，河北的直沽（天津），辽东的金州、海州，广东的广州、潮州，福建的漳州、泉州、福州，浙江的明州（宁波）等。官营造船厂集中了大批技术高超的工匠，他们各专其能，分工细致明确，加之不需计较成本，故所造船只质量较高。据《明成祖实录》，在郑和下西洋前两年，明廷便开始大造海船。其方式有创制与改造两种。在创制上，如永乐元年（1403）命福建都司造海船 137 艘；永乐二年命京卫造海船 50 艘，命福建造海船 5 艘；永乐三年浙江等都司造海船 180 艘；永乐七年命江西、湖广、浙江及苏州，扬州等府卫造海船 40 艘；永乐九年命浙江临山、观海、定海、宁波、昌国等卫造海船 48 艘。另外，还改造海道运粮船。如永乐五年（1407）命都指挥汪浩改造海运船 249 艘以备出使西洋，命浙江、湖广、江西改造海运船 16 艘；六年命浙江舍乡等卫改造海运船 33 艘。到永乐十八年（1420），还在南京设宝船厂，专造宝船供下西洋所用。

仁宗继位后，曾下令停止造宝船。至宣宗时又命恢复。英宗时再禁制造宝船，且自此后，官府造船业开始衰落。工匠们因不满于官府造船厂的人身束缚常以逃亡、怠工、故意降低船只质量等方式进行反抗，致使海船下水后常发生事故，甚至水军战舰都不如私人商船坚固。嘉靖十三年（1534）陈侃出使琉球时，不得不访求民间工匠造船。

明代中后期，海外贸易的发展却促使了民间造船业迅速勃兴。不少规模较大的民间造船厂，拥有数百名工匠，其中不少是原官府船厂的能工巧匠。因此，民间船厂技术水平较高，分工也细致。当时的铁工能制千斤重的铁锚。索工能制"围尺许，长百丈"的棕索。每只海船造价约 1000～2500 两白银。而且船主、商主的生命财产均维系于船只上，为确保质量，对船只的坚固，设备的齐全，航行的便捷，舱位的宽畅等都有很高要求。但因朝廷严禁民间制造大船，故海船规模远不及郑和所用的宝船。

明代商业资本兴起

明朝开国皇帝朱元璋一方面像历代皇帝那样主张重农抑商；另一方面又认为商人的活动能满足官府和民间的需求，主张给商人一定的社会地位。明政府为贯彻这种思想，建立了一整套控制商业的制度，并废弃宋元时代的繁文缛节，简化商税，对官吏额外苛求、为难的行为严加惩处。

明初政府对商人和市场的管理比较严格。凡外出经商，须得到政府批准，领取商引。商引也叫关券、路引、物引，上面写明货物种类、数量以及道路远近等；商人投宿的客店也要有官府签发的店历，以便记载住店商人的情况。城市商业管理则由兵马司负责，实行严格控制。

明朝建立中央到地方各级商税征收机构，在京城的称宣课司，后改为税课司；在州县的称通课司，后改为税课局；另在商业发达市镇设立分司、分局。在各水域关津去处还设立竹木抽分局，负责向过境竹木征税。据统计，明初全国共设税课司局 400 多处。

明初在严格管理商人的同时，还制定了完备的商业政策，使商人有法可依，并对各级官吏勒索骚扰商人的行为严加约束，税务简约，税额适当，有利于商业的初步繁荣。

洪武以后，官府对商人的控制日渐松驰，废除了商引、店历。明中叶以后，随着社会分工的扩大和商品经济的发展，商人资本日益活跃起来，各地出现了人数众多的商人群体，形成了许多地方性的商人资本集团如山西商人、

徽州商人、江西商人、关陕商人等。这些商人集团
走南闯北，从事商贩活动，并通过牙行，利用低买
高卖、以次充好，以假乱真，大斗入小斗出等手段，
榨取直接劳动者，积累了相当雄厚的资本，如徽州
商人富者家财百万，拥有二三十万者只能列入中贾。
山西商人中没有数十万者也不能称为富商。嘉靖年
间，在号称天下17家首富中，商人占了7家。人
数众多的富商巨贾们凭着资本的雄厚，往往开有几
个或几十个店铺，在商业中占有很重要的地位。

　　当时全国各重要城市几乎到处都有徽商的店
铺，如运河沿岸的城市临清，徽商占从事工商业人
数的90%。为了使资本充分发挥作用，有些商人把
商业资本直接投资于生产中，如染布、织绸、制茶、
造纸、酿酒等，并雇用了大量的雇工和奴仆从事生
产，从而转化为产业资本。嘉靖年间，歙商阮弼除
在芜湖经商外，还招募工匠，自己开设了规模较大
的染纸作坊，并在各重要城市开设了分场。有些商
人则直接向小生产者统一分发原料，令小生产为其
加工，计件付酬，如万历年间松江地区的100多家
暑袜店商人，实质上成为控制家庭手工业者的工业
资本家，这是商业资本向工业资本转移的一个重要
形式。因此，明代商业资本的兴起，对于加强各地
区的联系，促进商品经济的进一步发展和资本主义
的萌芽起着一定的作用。

贷郎图

明代货币

　　在封建制度下，明代富商巨贾不可避免地带有浓厚的封建色彩，这是中
国封建社会不同于欧洲城市的一个重要特点，也是中国资本主义萌芽发展缓
慢的一个重要原因。他们为了使自己的生产经营更安全，往往通过打权贵人
物的招牌、与官僚资本合伙经营或者捐官买爵等方式，和各级官吏紧密结合，
依靠封建特权经营多数属于封建专卖或与封建政治有密切联系的商品，独占
商业利益，以增殖其资本。获利后又往往用来购买土地，从事封建剥削，集

大商人与大地主于一身。一般小商人稍有积蓄后也将资本投放在土地上，直接榨取农村生产者。此外，明代商人资本还与高利贷结合，经营当铺、质库，向广大小生产者进行盘剥，并将高利贷资本直接深入到手工业和农业生产中去以增殖其资本。商业资本和高利贷资本相结合，妨碍了自身的进一步发展。

商业市镇兴起

从宋元时开始，集市庙会贸易出现，到明朝中后期，这类定期商品交换的重要形式更加繁荣，从首都到州县乡镇都有举行。"岭南之市谓之虚，言满时少，虚时多也。西蜀谓之亥；亥者，痎也；痎者疟也，言间日一作也。山东人谓之集。"到集市上去，"江南谓之上市，河北谓之走集"，"岭南谓之趁虚"。各地集市庙会的日期不同，但届时都"百货俱陈，四远竞凑"，非常热闹。如河北府，"日中为市，人皆依期而集。在州县者，一月期日五、六集；在乡镇者，一月期日二、三集；府城日一集。"集市的普遍出现，说明以自然经济为主、以商品经

杭州北关夜市

济为不可缺少的有机补充的传统经济模式进入成熟阶段，为自然经济范围内的剩余产品和日用品的调节交换提供了最简便有效的方式。由于集市所处的地理位置及周边环境的差异，集市有大有小，有些逐渐发展为人口较多的市镇，吸引了大量外地商人。如广东茂名县西南的梅箓墟，地处水陆交驰的交通要道，各地商人到此"坐肆列市，迁有无"。

这时商品交换繁荣的另一种引人注目的现象是作为手工业和商业中心的市镇的大量出现。这类市镇全国都有，经济发达的江南地区数量尤多。正德《姑苏志》所载该府市镇，竟达73个，万历《湖州府志》载该府市镇有20多个。这些市镇相互联系，形成市镇网络。每个市镇都有发达的商业，且往往有很高的专业化特色。江南地区形成了五大手工业区域，即松江的棉纺织业，苏杭的丝织业，芜湖的浆染业，铅山的造纸业和景德镇的制瓷业。

　　明代的棉花产区主要是江南，松江府及太仓州所属各县是植棉集中区域，也成为棉织中心。顾彧曾这样描绘："平川多种木棉花，织布人家罢缉麻，昨日官租利正急，街头多卖木棉纱。"可见，棉花种植和家庭纺织业成为这一地区重要的农业补充手段。棉纺织业的发达促进了原有乡村市镇的成长和新商业市镇的出现。松江金山县的朱泾镇被称为"小临清"，"居民数千家，商贾辐辏"。太仓州双凤镇，"居民稠密，市物旁午"。松江朱家角镇"商贾凑聚，贸易花布，京省标客往来不绝，今为巨镇。"

　　蚕桑和丝织业中心也集中在江南、分布在太湖流域和浙西杭州、嘉兴、湖州等广大地区。较有名的市镇有南浔、双林、盛泽、王江泾、濮院、震泽等。震泽镇"元时村市萧条"。居民只有几十家，至成化时则增至三四百家，"嘉靖间倍之而又过焉"，成为兴盛的丝织业市镇。吴江盛泽镇，弘治元年（1488）还是仅有50～60家居民的普通村落。以后逐渐从事丝织业，相沿成俗，"居民乃尽逐绫绸之利，有力者雇人织挽，贫者皆自织，而令其童稚挽花，女工不事纺织，日夕治丝"。明末发展成丝织巨镇。

　　在商业性市镇蓬勃兴起的同时，各级行政中心的城市的经济机能也不断加强。北京、南京、苏州、杭州、上海、临清、德州、济宁、徐州、淮安、杨州、嘉兴、湖州、宁波、福州、泉州、漳州、广州、饶州、龙江、芜湖、徽州、武昌、开封、潞安、太原、西安、成都等，都是商业繁荣或比较繁荣的城市。

《皇都积胜图卷》。描画了明京城及郊外市场商贾云集、弹唱说书的繁华景象，表现了明"洪武之治"、"永乐之治"的繁盛风貌。

133

这种情况的形成或是因其有发达的手工业做基础，或是因其地处水陆交通要道，或是因其具有某一些地区政治、经济和文化中心的地位，或是因其地处沿海，有通商海外的便利。北京"因帝都所在，万国梯航，鳞次毕集"。"彼其车载肩负、列肆贸易者，匪仅田亩之获，布帛之需"，"凡山海宝藏，非中国所有"，皆经中外商人之手，运到这里，"以故畜聚为天下饶"（《松窗梦语》卷4《商贾纪》）。作于嘉靖末万历初的《皇都积胜图》，对北京的繁荣有生动的描绘。画面上，入城以前是一条运输货物的队伍，马驮、车载、肩挑、手提，络绎不绝。城内则描绘了正阳门和大明门之间的市场，布棚高涨，货摊鳞集。作为陪都的南京从传世的《南京繁会景物图卷》中可见当时盛况。苏州商业的繁盛从唐寅的《阊门即事》诗中可见一斑："世间乐土是吴中，中有阊门更擅雄。翠袖三千楼上下，黄金百万水西东。五更市贾何曾绝，四远方言总不同。若使画师描作画，画师应道画难工"。这些城市和集市庙会、市镇一起构成了商业贸易网。

宗喀巴改革西藏佛教

藏传佛教经过后弘期300余年的发展，到明初已具相当规模，但是到了14世纪，佛教内部各派系之间的争权夺利现象严重，显宗理论缺乏实际性的修习，而密宗修习又乱无次第，终至淫乱，藏传佛教引起了广大群众的不满，宗喀巴的改革就是在这种严重危机背景下发生的。

塔尔寺内供奉的宗喀巴鎏金铜像

宗喀巴（1357～1419），本名罗桑扎贝巴。生于青海湟中地方。他自幼出家，八岁受沙弥戒，拜当地活佛宋仁钦为师，广学显密教法，十六岁赴藏兴造，广拜名师，刻苦

塔尔寺八塔

钻研，在显教方面，受萨迦派经师仁达瓦"中观"思想影响最大。二十九岁受比丘戒后开始为众讲经，著述。宗喀巴以噶当派的思想为基础，加上自己对显、密经典的理解，形成了自己的思想体系，他的著作有百余种，其中最著名的有《菩提道次第广论》、《密宗道次第广论》、《密宗十四根本戒》、《事师五十颂释》、《中论广释》、《五次第明灯》，在这

塔尔寺全景

些著作中，他把西藏流行的诸种显、密教法组织成一个以实践和修习为纲目、按部就班、次第整然的系统，他认为僧人不分显密，都必须严格遵守戒律，所以他特别注重弘传各部律典。

　　1397～1409年间，宗喀巴把注意力转到宗教活动方面来，他四处宣扬自己的思想，宗喀巴的活动得到了阐化王扎巴坚赞的大力支持，1409年元月在拉萨举行了规模巨大的祈愿法会，前来参加的僧人逾万。不分地区和教派，据说法令持续了一年，此后每年藏历元月都举行传招大法会，成为藏族人民最隆重的节日，此会延续至今。同年他又在拉萨以东的达孜县内建立了甘丹寺，与弟子长住寺中，创立自己的宗派，该派最初以寺为名，称"甘丹寺派"，由于此派僧人戒律严明、修习讲究遵循次第，崇尚苦行，禁止娶妻，故又称"格鲁派"（藏语"格鲁"意为"善规"）。同时又因这一派僧人都戴黄色僧帽，亦称为"黄帽派"或黄教，宗喀巴晚年继续传教，讲经，发展僧团，于1419年藏历十月二十五日圆寂。

　　宗喀巴的宗教改革在西藏佛教界引起了很大的震动，纠正了佛教内部散慢、腐化的空气，深得下层僧侣的敬佩和广大群众的欢迎。以后宁玛、噶举、萨迦诸派也接受了格鲁派的戒

扎什伦布寺宗喀巴及其弟子塑像

塔尔寺大经堂内景

律，面貌一新，格鲁派更得到汉藏统治者的支持，其影响超过了其它诸派。

曹端出"理驭气"说

曹端（1376～1434），字正夫，号月川，人称月川先生，明代学者，河南渑池人，做过霍州学正。为学宗程朱，是继方孝孺之后，维护程朱学说之人。著作有《太极图说述解》、《通书述解》、《辨戾》、《四书详说》、《儒宗传谱》等。

曹端提出"理驭气"说，主张"事事都于心上做工夫"。并直接影响了薛瑄的"理气无缝隙"观点。此外，他从维护儒学正统出发，反对佛、道，认为"佛氏以空为性，非天命之性"；老氏"以虚为道，非率性之道"。

关于"理驭气"说。曹端沿袭朱熹的观点来解释周敦颐的《太极图说》，他在《太极图说述解》中说："太极，理之别名"，"以通行而言则曰道，以极致而言曰极，以不杂而言则曰一"。强调"太极"和"理"（或"天理"）一样，是绝对的本体，用以维护程、朱的天理论。但曹端也有自己一些不同于朱熹的看法。

朱熹把太极与气的动静、理与气看成是两种不同的东西，认为理乘气犹如人乘马。而曹端则认为如果太极不会自行动静，而是乘气之动静而动静，犹如人之乘马而随马一出一入的话，"则人为死人而不足以为万物之灵，理为死理而不足以为万物之原。理何足尚而人何足贵哉！"因此，他认为太极自

能动静，强调理与气"浑然而无间"（《太极图说述解》）、"理气未尝有异"（《通书述角号》）的一体，并不是二种不同的东西。理、气为一体，理乘气之动静，而动静的问题也就不存在了。这样就推出其"理驭气"观点，理不是被动的"死理"在乘气，而是"活理"驭气；则人也不是"死人"随马之出入而入，而是"活人"骑马、由人驭之。也就是他所说的"今使活人乘马，则其出入、行止、疾徐，一由乎驭之何如耳。活理亦然"。（《辨戾》）

曹端的"理驭气"说，从维护朱熹的基本理论出发，力图弥补朱熹在理气关系阐述中的不完善之处。把朱熹的理乘气之理，变为"活理"，由被动变为主动。只有这样，理才真正成为万物之原，成为气和万物的主宰。

曹端虽然把理与气说成是"未尝有异""浑融而无间"的一体，但理和气毕竟非同一物，所以无法弥合朱熹在理气关系上的矛盾，而做到自圆其说。

台阁体书法形成

台阁体是中国书法史上的一种特殊现象。洪武年间，朱元璋征诏天下善书之士，为其缮写典册、敕书和诏令等。据记载朱孔易因书大善殿匾额为皇帝所欣赏，即日

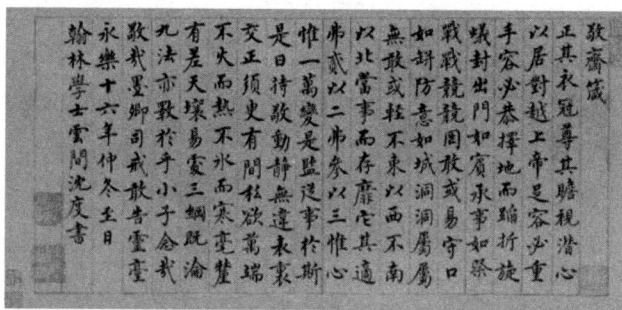

沈度书《敬斋箴》

被授予中书舍人一职，次日皇帝又下令凡书写内制的善书人士都封为中书舍人。据说，洪武年间中书舍人才十几个，到永乐时已增至三四十名。

当时宫廷征用善于书法者最多，要求最严的莫过于《永乐大典》的编修与缮写。该书书写体格要求极严，才能面目一致。正因为这些宫廷的要求，由洪武至永乐，书法艺术发生了显著的变化，形成了熟媚、重装饰意味的宫廷书法风貌，而且相袭成风，这就是所谓的"台阁体"，沈度、沈粲是其中

的突出代表。

沈度（1357～1434），字民则，号自乐，华序（今上海松江）人。永乐时任翰林典籍，后为翰林学士。他擅长于篆、隶、真、行书。其楷书得法于智永、虞世南，结构圆润平正、风格婉丽飘逸，深受明成祖朱棣的喜爱，称他是"我朝王羲之"，并任命他为中书舍人，侍讲学士，凡是金版玉册，无论是朝廷自用，还是藏之秘府，颁行属国，都必定由沈度书写。他的书法成为流行一时的范例。沈度的书法代表作有楷书《敬斋箴》、《李愿归盘谷序》、《不自弃说》、楷隶《四箴》卷，行书《诗札》卷等。

沈粲（生卒年未详），字民望，号简庵，为沈度之弟，任中书舍人，官至大理少卿。当时和沈度一同被人称为"大小学士"。善写楷、行、草书，尤以草书擅名一时。《明名·文苑传》中评价说："度以婉丽胜，粲以遒逸胜。"其草书《千字文》卷，笔势遒劲，随字形婉转，用章草的笔意，暗含篆籀遗意。与前代的草书相比，结体比智永更为奔放，但又没有怀素那样的狂态。可见其虽然摹仿古人，却又能自出性灵。沈粲的传世之作有《草书千字文》、《行书五咏诗卷》（皆藏故宫博物院）等。

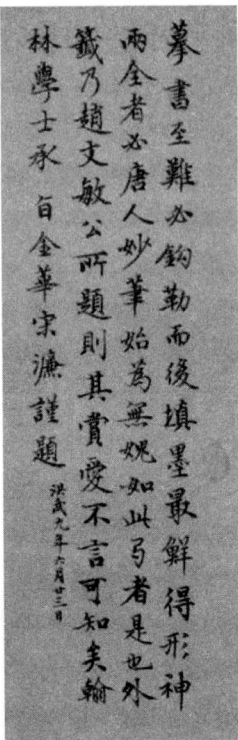

宋濂书《虞世南摹兰亭序帖跋》

开会通河

永乐九年（1411）二月二十八日，济宁州同知潘叔正启奏成祖朱棣，说明开通会通河不仅可免百姓转运的劳苦，还可以给国家提供无穷便利，朱棣于是派工部尚书宋礼、都督周长去查勘。不久，又派侍郎金纯发山东以及查隶徐州、应天、镇江等府民丁30多万人，供给粮赏，而且免除其它徭役以及当年田租，又命令宋礼总督开浚工程。

会通河是元朝漕运旧道，因淤塞严重，不能通运。洪武年间，沙岸冲突，

淤塞河道，不得不在陆路设置八递运所。用民丁千余人、车200余辆。日久后，百姓深感不便。永乐初，多次有人上奏。议论开通会通河河道的事情。朱棣命宋礼开河时，宋礼采纳了汶上老人白英的计策，筑坝城及东平（今山东东平）之戴村坝，遏制汶水，让它南不能进入河道，向北不能归入大海，把水汇集于南旺湖。中分二道，以四分水流接徐水、沛水，六分水流达临清，再利用南汪地势高的便利条件，使水南北分注。再倚赖地势，设置38座闸门，东岸设水柜，西岸设徒门，因季节不同，可蓄可泄。200天内河道修成，运道畅通。本年六月二十六日河道疏浚工程竣工。每年从会通河运粮达400万石。于是罢除海运，公私两便。开通会通河，保证大运河南北畅通，对明代南北经济文化交流颇有促进。

立永宁寺碑

　　明朝在奴儿干都司所在地特林（今属前苏联）修建永宁寺，作为供奉观音的寺庙。永乐十一年（1413）九月二十二日，太监亦失哈在寺旁立一块石

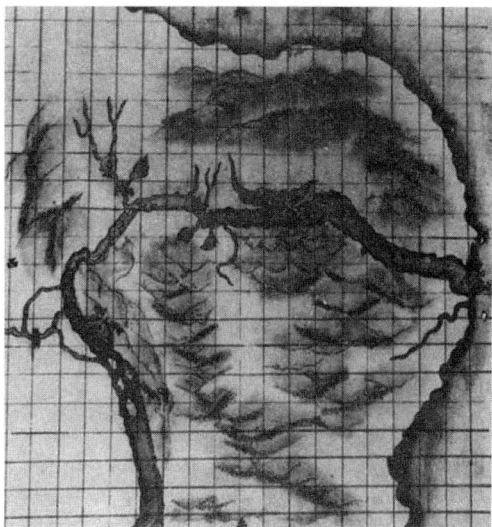

明代奴儿干永宁寺碑位置图

明永乐雕漆锥把瓶

碑，取名为永宁寺碑，又叫永乐碑。碑的正面记载了明朝建置奴儿干都司、兴建永宁寺和亦失哈等巡视该地区经过等情况。碑的背面镌刻女真文和蒙古文，都是正面汉字碑记的摘译。正面碑文竖刻，30行，每行62字，正书。20行至30行记载有职官姓名，比正文低19格起书，字体较小。额题"永宁寺记"，横写大字正书。竖刻正书："敕修奴儿干永宁寺碑记"。碑阴碑额是用蒙古文书写，意为"奴儿干永宁寺"，左右两侧，各刻有汉、蒙、藏、女真四体文字的佛教"六字真言"，并附有释音，汉文为"唵嘛呢叭咪吽"，意思是："佛法无边"，其它三体文字也是这种意思。

永宁寺碑是研究明史，尤其是东北地区历史极为珍贵的资料，寺碑四体文的雕刻不仅说明明王朝对黑龙江下游奴儿干地区进行了极有效的统治，也说明明朝初年我国就是一个统一的多民族国家。

成祖二征蒙古

永乐十一年（1413）十一月六日，瓦剌马哈木侵扰边疆，次年二月六日，成祖下旨亲征瓦剌。

当初，由于成祖诏许阿鲁台入贡，马哈木怀恨在心，多次寻机找事，并且拥兵饮马河（今克鲁伦河）准备入侵。成祖朱棣大怒，于永乐十二年（1414）正月，征发山东、山西、河南等地民工十五万人，将粮食运到宣府（今河北宣化），以备征瓦剌之用。又于二月六日，下诏亲征。发马步军50余万。

三月十七日，成祖由北京出发，皇太孙随从，学士胡广、金幼孜、庶子杨荣等随从护驾。四月一日到达兴和，进行大阅兵。在屯云谷，鞑靼博啰布哈等5人投降。五月，成祖之军到饮马河。六月，前锋刘江在刚哈拉海与瓦剌军相遇，将其击退。成祖率军到达和拉和锡衮（今蒙古乌兰巴托以东附近），瓦剌马哈木、太平、博啰三部迎战。成祖命柳升等攻击中部，陈懋、王通攻其右翼，李彬、谭青、马聚攻左翼，自率铁骑冲击，大败瓦剌，斩其王子10余人，部众数千级，穷追至图拉河，马哈木逃脱。战争结束后，皇太孙请成祖及时班师，八月一日，成祖车驾到北京，在奉天殿受群臣朝贺。

直臣周新被诬杀

永乐十年（1412）十二月，浙江按察使周新被诬陷遭处斩。

周新（？～1412），字志新，初名曰新，因成祖朱棣独以新字称呼他，更名为新，南海（今广东）人。洪武中，以贡士授大理评事，因他善于断决狱案而著称一时。朱棣即位，提升为监察御史。他弹劾不避权贵，时人称他"冷面御史"、"冷面寒铁"。先迁为云南按察使，不久改任浙江。因锦衣卫纪纲派千户往浙江暗中察看，作威受贿，周新捕治之。千户逃走，将情况告诉纪纲，纪纲怀恨在心，便罗织罪名，诬告周新有罪，将其逮捕到京城。周新申辩说自己奉法捕恶，怎么反被治罪，朱棣大怒，于本月命将周新处斩。周新临刑前大呼："生为直臣，死当作直鬼，臣无憾矣！"不久，成祖朱棣醒悟到周新案情有冤，但是为时已晚。朱棣后悔不已，感叹地说："岭外乃有此人，枉杀之矣！"

诏修《五经四书大全》、《性理大全》

永乐十二年（1414）十一月，成祖命儒臣胡广、杨荣、金幼孜等纂修《五经大全》、《四书大全》、《性理大全》等。

《四书章句集注》

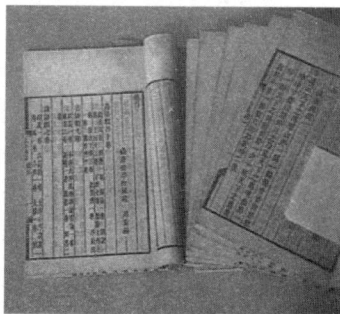

《朱子五经语类》

成祖朱棣说《四书》、《五经》都是古代圣贤阐述精义要道之言，要求胡广等人将历代诸儒发挥圣贤之言的议论中切当之言汇集增附在传、注之下。宋代周、程、张、朱等君子阐述性理的言论，如《太极通书》、《西铭正蒙》之类，都是六经羽翼，但并没有一本书将其汇集，朱棣要求胡广等人分类将其汇编，而且要求务必编得精练完备，以便流传后世。他命令胡广总管这件工作，又命朝臣以及在外都官中有学问的人来共同参加编纂整理。朝廷在东华门外开馆，并命光禄寺供馈，《五经四书大全》和《性理大全》于永乐十四年（1416）三月修成，颁行于天下。明朝命令两京六部、国子监以及天下府、州、县学，阅读、讲授这两部书，并且将其列为

科举考试的标准。明初科举，规定用《四书》、《五经》为内容作为考试题目，均以朱熹或其弟子的注释为准绳。"三大全"的编纂，对统一思想，巩固和强化程朱理学的统治地位起到了重要作用。同时，明代对读书人的思想禁锢由是更甚，也培养了一批穷经皓首而没有什么能力的庸才。

明鎏金吉祥天母造像。吉祥天母在藏族地区备受崇信，传说是观音菩萨的化身。藏人重诺，往往以吉祥天母之名发誓言。天母形象狰狞可怕，以示其面恶心善，可驱赶妖魔。

封黄教大弟子

永乐十二年（1414），西藏黄教（即甘丹派）创始人宗喀巴派遣其弟子释迦也先进京朝见，明朝廷封其为"西天佛子大国师"。

宗喀巴，名罗桑扎西，青海湟中人，藏族。他自幼习藏文和喇嘛教经典，博采众家所长，弃其所短，建立了一整套完整的宗教思想体系。永乐七年（1409）在拉萨东50里的旺古尔山建造甘丹寺，创立了甘丹派。该派僧人穿黄衣、戴黄帽，因而人们又将其称为黄教。

朱棣曾注意和各宗教派别的联系，曾封哈立麻为"大宝法王"，昆译思

巴为"大乘法王",同时遣使召宗喀巴进京,宗喀巴因大法会在即,难以脱身,便特地派其弟子释迦也先赴召。释迦也先在本年十二月到达京城受封。宗喀巴死后,释迦也先于宣德九年(1434)再次到京城,又被封为"大慈法王"。按黄教的宗教习惯,在宗喀巴死后,其两大弟子世世转生,称"呼毕勒罕"(藏语为化身之意),承传其衣钵。这两个弟子,就是后来的达赖喇嘛和班禅额尔德尼。明政府对黄教大弟子的加封,促进了宗教派别与政府的向心力,也把黄教传到了内地和蒙古等地。

前翰林学士解缙死于狱中

永乐十三年(1415)正月,前翰林学士解缙被害,享年47岁。

解缙(1369～1415),字大绅,吉水(今属江西)人。洪武二十一年(1388)中进士,授中书庶吉士。曾上万言书,批评太祖政令屡改、杀戮太多而触怒龙颜。又上"太平十策",得太祖称赞,改为御史。后归故里。建文时被起任为翰林侍诏,成祖即位后,提升为侍读,当值文渊阁,又升为翰林学士兼右春坊大学士,主持编纂《永乐大典》,很受成祖重视。后来因定储之事遭汉王朱高煦忌恨。永乐五年

解缙像

(1407)年,被谪为广西右参议,后又改任交趾右参议督饷化州。永乐八年(1410),解缙入京奏事。当时成祖北征而不在京师,解缙私自拜谒太子而还,汉王高煦以"无人臣礼"进谗言,龙颜大怒,等解缙请凿赣江之疏至,即下令将其逮捕入狱,株连甚众。当时是永乐九年(1411)。永乐十三年(1415)正月,锦衣卫纪纲上囚犯名录,成祖见解缙名字,便问:解缙还活着?善于揣摩帝意的纪纲,便借机灌醉解缙,再将其埋入积雪中冻死。随后抄了解家,解缙妻子、宗族徙辽东。成化元年(1465)恢复解缙官名,赠朝议大夫,解缙的著作有《文毅集》、《春雨杂述》等。

开凿清江浦

永乐十三年（1415）五月二十九日，陈瑄征发民工及官军，从淮安城西管家湖凿渠 20 里为清江浦。

过去，江南漕运到北京的船只到淮安之后，必须经陆运过坝，才能越过淮河而达清江口，耗资费工。平江伯陈瑄建议凿河引湖水入淮河，以通漕船，朱棣允准。本日，陈瑄命民工及官军，从淮安城西管家湖凿渠 20 里为清江浦，引导湖水入淮河，筑移风、清江、福兴、新庄 4 闸，以时渲泄，又沿湖 10 里筑堤，以便牵引船只。

从此，漕运船只便可以从江南沿水路直接抵达清江口，既节省了费用，又节省了人力。不久，明政府又疏通吕、梁洪以减缓水势，开泰州白塔河以通大江。又修筑高邮湖堤，在堤内凿渠 40 里，以避风浪的危害。从淮河至临清又建置 47 道闸。淮安置常盈仓 40 区，贮存江南漕运的粮食，向北到徐州、济宁、临清、德州，都建了粮仓以利于转运。

三修《太祖实录》

永乐十六年（1418）五月，《太祖实录》重修完成。

建文元年（1399）正月，曾诏修《太祖实录》，以礼部侍郎董伦、王景彰为总裁，开设史局，三年十二月成。永乐四年（1406）正月，朱棣下令重修太祖实录，以太子太师曹国公李景隆为监修，侍读解缙为总裁。次年六月《太祖实录》修成，朱棣仍不满意。

太祖"洪武实录"书影

144

永乐九年（1411）十月，朱棣下令再次重修。命太子太师姚广孝、夏原吉为监修，胡广、杨荣、杨士奇、金幼孜为总裁、纂修等官。经过8年增删、纂改，于本月初一完成。此书共257卷，为250册，因这次重修，一切"实由圣断"，所以朱棣批阅良久，嘉奖再三。朱棣对建文帝纂修的《太祖实录》一改再改，主要是指斥建文遗臣，隐晦太祖生前过举，肯定靖难之变的顺天应人及改庶出为嫡出，并编撰朱元璋欲立朱棣的故事，为自己即位正名辩护。

决定迁都北京

永乐十四年（1416）十一月十五日，成祖诏集文武群臣商议迁都北京之事。此前，成祖从北京返回京师便有迁都之意。公、侯、伯、五军都督及在京都指挥等官上书，说，北京河山巩固，水甘土厚，民俗淳朴，物产丰富，实为天府之国，帝国之都。而且河道疏通后，交通便利，商贾云集，财货充盈，极其方便富足。随后，六部、都察院、大理寺、通政司、太常寺等衙门的尚书、都御史等上疏说："北京沃土千里，乃圣上龙兴之地，山川形势足以控制边疆，辖制天下"。成祖采纳了大臣建议。

朱棣之所以迁都北京，是因为在他20多年藩王生涯中，尤其是与元的多次抗战中，深切感到元残余势力的威胁，再加上北京地势便利，便于开拓进取，把政治中心移到战争最前线，可以求得边防安宁和王朝巩固，可放眼东北及西北哈密等地区。

罢海运

永乐十三年（1415）五月，宋礼督治黄河之后回到京师，向成祖启奏，要求罢海运。宋礼认为海运风险很大，每年都有船只被损坏而沉没。迫于期限，有司修补有困难，只得增加科敛，增加了百姓负担，且船只也不够坚固。成祖因此下令罢海运。浙西、苏州、常州、松江的漕粮入淮安仓，镇江、庐州、凤阳、淮阳的漕粮入徐州仓，徐州、兖州的漕粮入济宁仓。命令内河船于会通河，

3000艘经淮安，转至济宁；2000艘经济宁，转至通州。天津、通州等卫，派官兵在通州将其转入北京。而浙江、直隶、湖广、江西等地，除本地存留以及供南京的饷粮外，拨250万石，命令民船运赴北京通州河西务，大概军民各运一半。这样，粮食经过会通河转运到北京比较安全，也比较经济，减少了海运所需的人力、物力、财力。

明青花去龙纹扁壶

苏禄国王来朝

　　永乐十五年（1417）八月一日，苏禄国王各率其亲属及随从头目，组成340余人的使团，奉金镂表来朝贡。

　　苏禄本是一个群岛国，有东王、西王、峒王总理其事。本月，苏禄东国酋长巴都葛叭答剌，苏禄西国酋长麻哈剌吒葛剌马丁、故苏禄峒酋长之妻叭都葛巴剌卜，各率其亲属及随从头目飘洋过海，长途跋涉，带着珍珠、宝石、玳瑁等物而来。这一次是苏禄

苏禄国王墓

国对郑和使团访问苏禄的回访，也是继渤泥、满剌加国王之后，又一个海外国家首领亲自率领使团来中国访问。八日，明政府封巴都葛叭答剌为苏禄国东王，麻哈剌吒葛剌马丁为苏禄国西王，叭都葛巴剌卜为苏禄国峒王，并赐诰命及袭衣、冠服、印章、鞍马、仪仗。随从也各赐冠带、金织文绮、袭衣不等，在京期间，三王受到最高规格的接待，三王辞归时，成祖朱棣对其各赐金相玉带1条，黄金100两，白金2000两，罗锦文绮200匹，绢300匹，钞10000锭，钱3000贯，金锈蟒龙衣，麒麟衣各一袭。随从头目也分别赏赐文绮、彩绢、钱钞不等。

　　九月，东王巴都葛叭答剌在南归途经德州时，不幸因病去世。成祖命令

按照王礼祭葬，并派礼部郎中陈士启前往主持祭礼，赐谥"恭定"，在德州为东王营建了壮观的陵墓，命其次子安都禄、三子温哈喇世代留居德州守陵；命其长子都麻含继承王位，率众回国。后又命地方官在墓前修建享殿、配殿、牌楼以及墓通旁的石人、石马、石虎、石豹等，同意其妃妾、仆从10人守墓，满3年后再回国。永乐十六年（1418）九月一日，成祖亲自为苏禄东王墓碑撰写碑文，对其表示深切的缅怀与悼念之情。

锦衣卫指挥使纪纲伏诛

永乐十四年（1416）七月十六日，锦衣卫指挥使纪纲被磔于市。

纪纲（？～1416），临邑（今属山东）人，虽为县学生员，但擅长骑射。成祖率靖难之师经过临邑时，纪纲拜伏成祖马前请求效力，靖难之役中，他屡建功勋，后官至锦衣卫指挥使，升为都指挥佥事，掌管诏狱。纪纲异常诡黠，善揣摸人主之意，深得成祖信任。他广罗羽翼，诬死周新等梗直之臣，收受贿赂，趁机搜罗金帛；诈取交趾珍奇，占吏民田宅；他勾结指挥佥事庄敬兴贩私盐，居处服食器皿一应模拟皇帝，他著王冠服，高坐置酒，令优童奏乐奉觞，呼万岁；他在家中畜养歌童舞女，腐蚀良家子弟数百人充左右；下诏选妃嫔，试可，方令出待年，并将其中貌美者纳于私第；纪纲侵盗官物不可胜数，势倾中外。如此胡作非为，朱棣仍对其宠信如故。纪纲由是更加肆无忌惮，多蓄亡命之徒，造刀甲弓弩以万计，图谋不轨。本月，内侍告发后，成祖命给事、御史于朝廷中参劾纪纲，命将其逮治。七月十六日磔于市，家属无论老幼全都戍边。其党余也受到惩处，庄敬被夷三族，指挥袁江、千户王谦、李春、镇抚庞瑛，俱论死罪，并将其罪状昭示于天下。

姚广孝去世

永乐十六年（1418）三月二十八日，学者姚广孝去逝，年84岁。

姚广孝（1335～1418），长洲（今江苏苏州）人，字斯道，号逃虚子。

姚广孝本为医家子，14岁削发为僧，法名道衍。曾随相城道士席应真学兵法谋术，又兼善诗词古文。后为燕王谋士，随侍燕王20年，成为心腹谋士。建文初，惠帝准备削藩，广孝劝燕王起兵，并为其筹划军事，自己与世子居守北平。燕王朱棣登帝位后，授以僧录司左善世之位，后又恢复其俗姓，赐名广孝，授太子少师，予冠服。成祖命其蓄发，赐二宫人，他都不接受，由此更得成祖器重，不呼其名，只呼"少师"。他精通阴阳术数之学与佛学，所著有《逃虚子集》、《道余录》、《净土简要录》、《佛法不可灭论》等。其《道余录》对宋儒多有讥诋，但此书被其好友杨洪毁掉。他还参与修《太祖实录》、《永乐大典》等。姚广孝去逝后，因谋策靖难有功，被追赠荣国公，追封为恭靖。成祖亲作神道碑，将其比于元朝刘秉忠。

大破倭寇于辽东

永乐十七年（1419）六月十五日，辽东总兵中军左都督刘荣大败倭寇。

倭寇系指14世纪至16世纪劫掠我国及朝鲜沿海地区的日本海盗集团。14世纪，日本南北朝时，在混战中失败的武士，流落为海盗。靠走私抢劫为营生。明朝与朝鲜的李朝都为此加强了海防，但在永乐年间，沿海地

浙江镇海抗倭安远炮台

区不断受到倭寇侵扰，成为沿海地区一大祸事。明朝廷派辽东总兵中军左都督刘荣专理备倭事宜。刘荣起初冒父名刘江进入队伍，后改任中府右都督，阿鲁台归顺明时，他在军中改任左都督，作为总兵官镇守辽东。刘荣巡视各岛，查看备战情况。当他到达金州卫金线岛西北的望海埚上时，他看到此地宽广，并且地处滨海咽喉要道，便筑城堡，设烽堠，严阵以待倭寇。本月，瞭望哨

报告倭寇将至，刘荣迅速率军队赴望海埚，犒劳军卒，厉兵秣马，准备迎战。此时，倭寇乘 30 余艘船停泊在马雄岛，登岸奔望海埚。刘荣依山设伏，派都指挥徐刚伏兵山下，百户江隆率壮士暗中烧毁敌船，以断其退路。十五日，刘荣自率步军与敌交战，假装败退，诱敌进入伏击地，紧接着炮声、喊杀声四起，围歼倭寇，自辰至酉，杀其大半，倭寇退走樱桃园。刘荣再分兵夹击，全部歼敌，大败倭寇，计斩首千余级，生擒 130 人。倭寇连年骚扰劫掠，至此大受挫折，在相当一段时期内不敢骚扰辽东。九月，刘荣因功被封为广宁伯，受禄 1200 石，予世券，更名荣。次年四月刘荣去逝，赠广宁侯，追封为忠武。

东厂设立

　　永乐十八年（1420）八月，成祖在北京东安门北设置东厂。

　　朱棣即帝位之后，害怕臣民不服，便命太监以及官校四出侦探，探听他人隐私，并搜集奏报。本年八月，朱棣定都北京，随即在东华门北设立东厂，专理刺探臣民谋逆妖言、大奸大恶之事。但是朱棣又担心外臣徇私情，不能反映实情，特命亲信太监做东厂提督，管理缉访之事，把大大小小的事情报告皇帝。从此，太监提督东厂成为常例。太监作为提督，具有随意逮捕、刑讯朝野臣民的特权。朱棣为了平衡锦衣卫与东厂权势，既由锦衣卫调充东厂属员，又令东厂太监监视锦衣卫。二者相互依赖，彼此制约，共同对皇帝负责。东厂设置之后，宦官权力益重，群臣百姓都不敢得罪他们，稍有违逆，便会召来杀身之祸，由是宦官更加飞扬跋扈，其专横之态无以复加。东厂的设立，为成祖监督百官提供了耳目，但也使国家陷入恐怖状态。

明彩塑太监像

唐赛儿起义

永乐十八年（1420）二月十一日，唐赛儿发动起义。

唐赛儿是山东蒲台人林三之妻，自称佛母，以白莲教组织群众。益都、诸城、安丘、莒州、即墨、寿光等地信从她的有数万人，其教派也主要活动于该地区。本日，她以益都县西南的卸石棚寨为根据地，发动起义，派部将宾鸿、董彦皋等攻破莒州、即墨、烧毁官衙仓库，进兵围攻安丘。城祖下诏命令安远侯柳升、都指挥刘忠率京军前往剿灭镇压。三月十三日，柳升军至益都，围攻卸石棚山寨。唐赛儿两次严拒招降，又派耿童儿诈降诱敌，趁机夜袭官军营寨，刘忠中流矢死，唐赛儿突围脱险。同时，安丘起义军在宾鸿率领下攻打县城，但是被备倭海上的都指挥金事卫青率骑兵 1000 袭击，大败，起义军有 6000 余人牺牲。这次起义后，明军进行了大肆屠杀，但是起义军的主要领袖因群众掩护隐藏，得以脱险没有遇害。尤其是唐赛儿的下落，始终不详。成祖为了追捕唐赛儿，并考虑到她可能削发为尼或混处于女道士中，于是大捕尼姑、女道士，将数万人捕入京城，但一一甄别后，仍无结果。

定都北京

永乐十八年（1420）十一月，北京宫殿即将告成，钦天监奏明年五月一日为吉日，应御新殿受朝贺。朱棣决定迁都北京，诏示天下，并遣户部尚书夏原吉奉命昭皇太子及皇太孙，限期十二月底到北京。后

位于北京中轴线最北端的钟楼

天安门屋顶山花板。花板上满布着用金线和绶带组成的纹饰，红色底子上用单一的金色，在阳光照耀下，它与屋下的彩画相互辉映，构成了皇家建筑金碧辉煌的装饰特征。

太和殿内皇帝宝座。皇帝的宝座在太和殿中央开间的后半部，位于四根缠龙金柱之间。宝座下面是有七层台阶的高台，宝座上中央为皇帝的御座大椅，椅后为七扇面的屏风，屏风和御座上遍布着龙的装饰，椅座、椅背、椅扶手、屏风扇面、屏风头到处都是木雕金龙，御座左右还摆有香几、香筒等陈设。

151

又下诏，从次年正月起，将京师改为南京，北京为京师，设六部，去行在之称，并取南京各印信给京师诸衙门，另铸南京诸衙门印信，皆加"南京"二字。十二月，北京郊庙、宫殿落成。北京宫殿、郊庙的大规模营建是在永乐十四年（1416），朱棣决意迁都之后开始的，经过四年的修建终于完成，改建的皇城比原城东移1里有余，奉天、华盖、谨身3殿，乾清、坤宁两宫及午门、西华、东华、玄武4门等，完全同于金陵旧制，只是比其更弘敞。又定于皇城东南建皇太孙宫，于东南门外东南建十王府邸，屋8350楹。永乐十九年（1421）正月初一正式迁都北京，十一日大祀南郊，十五日大赦天下，从此北京就成了明王朝的都城。

太和门前的铜狮。狮子俗称兽中之王，性凶猛，因此多雕铸成石狮或铜狮分列于官殿、寺庙、陵墓、官府等重要建筑大门的两旁，作为护卫建筑群入口的象征。太和门前左右各有一只青铜铸造的狮子，狮身作蹲坐状，连同青铜基台座落在汉白玉石雕须弥座上，威武壮观，使太和门增添了威严的气概。